12 MANERAS DE AMAR(TE)

12 MANERAS DE AMAR(TE)

Jairo Guerrero

Qué valiente te ves
temblando de miedo,
pero arriesgándote
a vivirlo.

Prólogo

"¿De cuántas maneras puedo amar(te)?"

Amar, en su máxima expresión, de todas las formas y maneras en las que tu recuerdo me revive. No suelo preguntarle al mundo lo mucho que me cuestas, pero salgo en busca del amor en cada pendiente, en cada instante, en cada estación.

Aquel día salí en busca de tu rostro, de tus besos, de tu aroma; salí en busca de ti.

No dudes ni un instante en sentirte parte del paso del tiempo, en sentirte parte de cada amor que logré encontrar en mis caminos de dudas, no dudes en ser parte de mi vida, en ser parte de lo que juntos podemos crear, porque eres tú, lo único que me ciega.

Tengo miedos, y, aun así, salto al vacío, en busca de un amor que tal vez nunca fue mío.

Salgo en busca de todas mis preguntas y de todas tus respuestas, voy naufragando en cada rostro que no es tuyo, en cada abrazo que no sabe a ti, en cada amor inconcluso y en cada beso que no tiene tu calor.

Soy un viajero por los caminos de tus ojos, que tal vez ya no me miren, o simplemente me esperen con una sonrisa al final de mis viajes.

Se han preguntado alguna vez, ¿cuánto tardamos en encontrar la verdad detrás de un amor silencioso?

Yo tardé un instante en perderme en ti, y ahora llevo la vida buscándote para encontrar nuestra verdad, para buscar los silencios incómodos y convertirlos en risas, convertirlos en ti, que dices mil verdades y ni una sola palabra.

Quiero descubrirte, saber cómo luce el amor, cómo sabe el quererte, cómo amarte sin tenerte.

Tardamos una vida en saber cómo no equivocarnos, para, aun así, volver a tropezar con la piedra que nos encariñamos, para, aun así, volver a lastimarnos con amores que son pasados, pero que ahora tienen otro rostro, otras formas, otro sabor, pero que nos mantienen vivos de ilusión, y no solo hablo de esta vida, sino todas en las que te he buscado.

¿Realmente sé dónde encontrarte?

Cuando se ama, se buscan los detalles pequeños y fugaces que hacen única esta batalla, se buscan los pedazos de amores antiguos que quedaron dispersos en recuerdos borrados, esos que brillan y son parte de lo bueno que quedó, de lo que somos, de lo que pensamos y de lo poco que aprendemos de cada error, y de cada amor.

Realmente no sabía dónde encontrarte, pero fui en busca de tus pistas, de tu lista manera de dejar todo tirado, de esas migajas que siempre me diste, de ese amor a ratos que siempre escondiste, y es obvio que iré tras tus pasos, porque nadie es tan ingenuo como para dejar señales cuando no quiere ser encontrado.

…y ahí estabas…

Sucedió de un momento a otro, entre tanta neblina, supe que eras tú; entre tantos rostros, supe encontrar el tuyo; después de tanto tiempo, después de esta búsqueda incesante, supe verte, donde siempre, donde fuimos felices, donde te besé por primera vez, y donde supe que eras tú, esa persona que debía y quería amar.

De frente a tus ojos, con un nudo en la garganta, con la mirada en ti, las manos temblorosas y el corazón a mil, pude hablarte, tímidamente, pero decidido a que me escucharas, a que fueras parte de mi reclamo, y te juro que solo lo haría a besos, pero a veces me daba miedo mostrarte quien era, porque ya una vez te había perdido y en esta ocasión no sucedería igual.

Entonces te abracé, y supe que había vuelto a donde pertenecía, me sentía en casa, y ahí fue donde comenzó realmente esta búsqueda, ahí, muy cerca de ti, es donde comienza esta historia y donde de 12 maneras supe dibujarte, entre poesía y metáforas, supe recorrerte.

Palabras para ti mi hermano:

Ha sido una experiencia grata y espléndida adentrarme en tu libro, saborear tus letras con la mayor de las intenciones, me he sumergido en cada parte, en cada manera que los seres humanos aprendemos e intentamos amar.

Sé recorrer cada rostro que plasmas en cada vida, como si fuera una nueva oportunidad de aprender a amarnos.

Es un estupendo libro y espero desde lo más profundo de este corazón poeta, que sea todo un éxito...

Un abrazo.

Walfrido Moreno Díaz
@wallmorenodiaz
Huehuetenango, Guatemala
27 de septiembre del 2019
10:00 am

PRESENTACIÓN

La aventura comenzó un 27 de Julio del 2017, cuando me había decidido a subir a redes sociales los escritos que más me gustaban, la galería del teléfono estaba llena, así que necesitaba espacio para las letras que guardaban en mí, bellos recuerdos del pasado.

Se acercaban los meses de fin de año y de la nada comencé a revisar mis libretas de años atrás, ¡sorpresa!, en esas hojas guardaba mis escritos que había creado en mi niñez, de inmediato llegó a mi mente la idea de publicarlos, así, sin ningún propósito.

11 de octubre, una fecha que nunca olvidaré, tenía tanto miedo de si habría aceptación en mis letras, aquella tarde fue de las más especiales, "tal vez en otra vida, sí sea para siempre" se leía en el post, y de inmediato las reacciones llegaron.

Con el tiempo seguí conociendo a gente nueva, "mi pasión por las letras se lo debo a ella, mi inspiración, fue perderla", así se unían cada vez más personas a la familia, el diario de un escritor ya era tema de debate por las mañanas, tardes y noches.

Llegó el 2018, y con él, mis primeros escritos archivados en una agenda, cada día me encantaba leer los comentarios, los mensajes, no había día que no faltara una frase para alegrar o entristecer a mi gente, al principio escribía para mí, hasta que aprendí a escribir para ustedes.

El año pasó muy rápido, en cada mes me encantaba escuchar las historias de mis amistades, así surgió la idea de un primer libro, quería descubrir de cuántas maneras es posible amar a una persona y lo conseguí escuchando, explorando otras vidas. Los días no fueron en vano, la experiencia me había marcado hasta llegar a comprender mejor mi existencia.

Ahora puedo decir que todos los sueños sí se vuelven realidad cuando se lucha y se sueña en cada instante para conseguirlos, aquí estoy, escribiendo siempre para ustedes, cada noche me esfuerzo por transmitir mensajes, para darles un poco de esperanza, regalar sonrisas y hacer brotar lágrimas, por crear un poco de poesía, dentro de una sociedad que cada vez está peor.

Me sorprende mucho ver la cantidad de gente que se ha sumado e integrado a la familia, tanto colegas como personas que buscan un suspiro en mis letras, y no crean que me he olvidado de la humildad, he valorado cada palabra, todo el apoyo que me han ofrecido.

Provengo de un pueblo donde cada mañana al despertar, me daba lecciones de vida que llevo siempre conmigo, no hace falta que me cataloguen como un "escritor famoso", porque realmente me considero solo un aventurero de la vida, de paso en este mundo.

Un ser que ha comprendido que todo en esta vida duele, pero se debe aprender a vivir con ello, superando, luchando contra todo el sufrimiento, dominando los miedos, perdonando, siempre llorar un poco, después levantar la frente y seguir adelante.

Gracias a todos y cada uno de ustedes por las muestras de cariño, por esos mensajes que a veces por cuestiones de trabajo, cansancio o alguna otra razón no he podido abrir, pero siempre me tomo un tiempo libre para escribirles, para desearles un lindo día, para agradecer su presencia, y sobre todo por leerme.

El día en que tengas la oportunidad de leer este libro, no dudes en mandarme un mensaje, tal vez tarde un día, o dos, una semana o un mes, pero te prometo que voy a contestar, y si no es así, vuelve a insistir, porque ahí estaré, siempre con la espera de encontrar a nuevas almas, que me enseñen a seguir confiando en la poesía y en lo bello que es el arte de la escritura.

Disfruta de mi obra…

Ahora es tuya, cuida cada página y si es posible llévalo siempre contigo, porque quizá en una de esas aventuras, te encuentres a la persona que puedas amar, de 12 maneras distintas.

Jairo Rogelio Carrera Guerrero
@jaiiwriter
Tehuacán, Puebla. México
11 de octubre del 2019
00:00 am

MICROCUENTOS DE BIENVENIDA

1.

-Si me das un beso,
te escribiré un verso...
Le dije.

-Si te doy un beso,
me escribirás un libro...
Me dijo.

2.

–Algún día inventaré
la máquina del tiempo...
-¿Para qué?
-Para poder regresar
al pasado y conocerla
nuevamente.

3.

–Ven,
atrévete a vivirlo.
-¿Me prometes que no dolerá?
-No,
pero te prometo
que no te arrepentirás.

Inicio

"Un nuevo amanecer, una nueva aventura, un nuevo comienzo o quizá sea otro de esos días en que trato de olvidarla".

Me he despertado en la cama de un hospital, los médicos dicen que tuve un accidente y he perdido la memoria en casi su totalidad, no puedo recordar mi nombre, pero puedo presentarme como JC, estoy escribiendo todo en mi cuaderno y lo poco que llega a mi mente es que soy un aventurero, no de los que probablemente pienses, soy una de esas personas a las que les encanta escuchar historias, sí, historias de amor, de aquellas llenas de felicidad, pero también me encantan las historias que no tienen un buen final, de esas que te desgarran el alma cada que las relatas, que pueden llenar de lágrimas a toda una multitud que las escuche, voy a usar esta cualidad para tratar de recuperar la memoria, mañana me darán de alta y podré comenzar con la reconstrucción de mis recuerdos.

Es de día, he preparado todo, la misión, es simple, consiste en ir por toda la ciudad a entregar invitaciones, voy a buscar a 11 chicas que puedan ayudarme con mi problema, voy a citarlas a todas, tendremos una reunión, será interesante refrescar a mi mente con nuevas vidas, con nuevos rostros, con nuevas historias.

Todo en esta vida cumple su ciclo,
aprovecha lo vivido
y no te arrepientas por lo sucedido.

Tengo listas las invitaciones, una en cada sobre, mi instinto me dirá a quiénes se las voy a entregar, aunque claro, ir a repartirlas para una mesa redonda entre desconocidos es algo que no es común y tal vez parezca extraño, pero estoy seguro que escucharé y relataré cada historia como un completo admirador, esperando que en algún momento pueda recuperar la memoria y qué mejor que, recordando mi propia historia, ¡vamos!, comencemos con la aventura.

Después de recorrer varias calles por fin he logrado terminar, cada una de esas chicas a quienes entregué cada invitación aceptó, me dieron una sonrisa acompañada de un "estoy ansiosa por relatar mi vida y ayudarte con tu problema", les prometí que sería una gran experiencia.

Llegó el gran día, todos estamos un poco nerviosos, nos miramos fijamente a los ojos, cada par de universo me reflejan mucho sentimiento, me pregunto, ¿qué esconderán detrás de esa mirada?

Representadas por un mes y un tipo de amor, cada una toma su lugar, comienza la presentación, estoy ansioso por escribir, por escuchar y sobre todo, para volver a recordar...

Todo en esta vida es temporal,
amores, pensamientos, emociones,
recuerdos, personas, incluso la vida misma.

Yo daría la vida entera,
tan solo por verte sonreír.

CAPÍTULO I

ENERO:
MES DEL PRIMER AMOR

ENERO

El primer mes del año, donde las metas y los sueños comienzan después de dar por cerrado un ciclo, las ilusiones, los cambios y nuevos caminos por recorrer durante 365 días.

El principio del libro, la primera página, el primer capítulo, la primera estrofa, la primera letra, donde todas las aventuras comienzan a brillar.

Enero, de esos días fríos llenos de felicidad, acompañados de la familia, donde el primer día despiertas con la ilusión de ser mejor, una semana después estás feliz de regalar o recibir regalos, ver las sonrisas de los más pequeños al disfrutar de estas fechas, un par de días después vuelves a la rutina, el regreso a los colegios, al trabajo, a volver con la vida, pero con todas las energías, recargado de amor y con gran entusiasmo por dar lo mejor de ti.

Así es enero, el mes que nos motiva, el principio de todo.

Comienza el día con una sonrisa,
no la borres de tu rostro hasta irte a dormir,
así debes vivir siempre.

La familia es lo más importante,
abraza a tu madre, respeta a tu padre,
valora a tus hermanos, nadie es eterno.

Comienza la vida, comienzan los retos,
no te dejes vencer hasta cumplir
con tus objetivos... confío en ti.

PRIMER AMOR

Estamos todos sentados en la mesa redonda, me ha llamado la atención una de ellas, y es que su rostro se me hace conocido, quizá me ha llegado el recuerdo de un amor del pasado, de esos que te llenan el alma por primera vez, que te hacen sentir las primeras sensaciones de amor y tristeza.

-¡Hola a todas!, mi nombre es JC, este día vamos a relatar nuestras mejores historias, yo tendré la oportunidad de escribir y plasmar cada una en este cuaderno, así que comencemos.

Me quedo mirando fijamente a los ojos de aquella mujer y sabía que tenía que comenzar con ella, así que le pregunto:

-¿Podrías presentarte ante nosotros?

-Claro, me encantaría ser la primera en relatar mi historia, ¡hola!, yo soy Keilani, tengo 18 años y me gustaría platicarles sobre mi "primer amor".

-Todo comenzó un mes de enero, hace exactamente 5 años, yo tenía 13 en ese entonces, y hace pocos meses que había entrado a la secundaria…

KEILANI

La chica del pelo alocado,
la más pequeña de todas,
la niña que siempre he anhelado,
la que viste sin importarle las modas.

Así es ella, Keilani, la niña del mar,
mujer arena, carita de modelo,
que con su sonrisa un corazón logra quemar,
y con sus manos te lleva directo al cielo.

No le teme a las adversidades,
no llora solo se vuelve más fuerte,
ha soportado varios huracanes,
y a sus heridas en experiencia convierte.

Jamás acepta menos de lo que merece,
se ha convertido en toda una valiente,
la que de sueños nunca carece,
la que siempre logra salir adelante.

Me encanta su hermoso pasado,
tantas guerras ha soportado,
un millón de abrazos ha regalado,
sin importarle cuantas veces ha llorado.

Así es la pequeña Keilani,
frágil pero siempre luchando.
Así llegó de la nada,
a plasmar en su rostro un preciado recuerdo.

-Me encantaba esa nueva etapa, tener nuevos amigos, conocer a mucha gente, experimentar cambios y entrar a la adolescencia, sin duda, de mis mejores recuerdos.

-Una mañana yo caminaba con una amiga hacia el salón de clases, cuando tope por de frente a un chico, joder, su mirada me cautivó, sus ojos eran tan hermosos y su sonrisa me fascinaba, sin duda fue una sensación inexplicable, la primera sensación de amor.

-El colegio no era tan grande, así que, estaba segura que volvería a encontrarlo nuevamente, pasaba varias veces por ese mismo lugar e incluso salía seguido al baño para ver si podía verlo entre los pasillos, por un par de horas perdí de vista a mi amiga, pero cuando la volví a ver llegó con una gran sonrisa en el rostro...

-¡Lo encontré!, ¡lo encontré!, gritaba emocionada, -¿qué sucede?, ¿a quién has encontrado?, preguntaba confundida.
-A ese chico que te gustó, lo encontré por los escalones y logré hablar con él, le dije sonrojada que una amiga quería conocerlo y él sonrío...

-No podía creerlo, mi amiga se atrevió a buscarlo y lo encontró, ¡qué ironía!, al menos me entregó algo que me puso feliz.

-Una tarjetita con su número escrito en ella, no podrían imaginar la felicidad que sentí en ese momento. Cuando salí del colegio fui corriendo a casa y llegando busqué el teléfono en la mesa con miedo a que mis padres me descubrieran o escucharan.

TAMBIÉN ME GUSTAS SIN MAQUILLAJE

No intentes maquillarte,
no busques tu labial favorito,
conmigo no hace falta,
porque también me gustas así,
al natural...

Tal y como eres.

-Marqué los 10 dígitos y esperé ansiosa a que contestara, 3 veces el sonido de la llamada entrante se escuchó hasta que un: "bueno, ¿quién habla?" escuché por la bocina, y con una voz casi ahogada le contesté: soy la chica de quien te hablaron en el colegio…

-"Sí, Keilani, tu amiga me habló de ti y me dijo que querías conocerme, ¿es verdad?" preguntó, mientras los nervios me comían viva yo solo respondí que sí, así que agendamos una cita y al colgar el teléfono una sonrisa se dibujó en mi rostro.

-Al día siguiente contaba las horas para salir del colegio y poder verlo afuera, al llegar el momento y encontrarlo de frente sentí cómo los sentimientos se activaban, mis ojos brillaron al ver los suyos y con un delicado "hola" comenzaba nuestra historia.

-Al presentarnos y entrelazar nuestras manos me di cuenta que teníamos una conexión, él quizá lo sintió, porque al instante comenzó a contarme de su vida, surgió una linda charla y el tiempo pasaba volando, me acompañó a casa sin deseos de que el camino terminara, pero en el fondo sabía que eso era solo el principio.

-Los días transcurrían, y mi amor hacia él crecía cada vez más, en ese momento me quedó claro que era mi primer amor, e incluso deseaba que fuera el único por siempre, pero la vida me guardaba muchas sorpresas que estaba por descubrir.

VIAJES DEL TIEMPO

Hoy me levanto con deseos de volver,
con sentimientos escondidos del ayer,
no saben cuánto deseo viajar al pasado
y arreglar lo que quedó estancado.

Dicen los científicos que sí es posible,
un regreso al lugar donde estuvimos,
es que en realidad nada parece imposible,
yo anhelo reparar lo que aquel día destruimos.

Viajemos en el tiempo,
vuelve a curarme del miedo,
ya no quiero llegar destiempo,
vivir a tu lado, sé que aún puedo.

Lo que daría por verte una vez más,
entre mis ojos nuevamente brillarás,
quiero entre mis brazos abrazarte,
y ya no seguir en el presente, extrañándote.

Viajemos en el tiempo, créeme,
no dudaría en volver a buscarte,
que seas tú quien vuelva a enamorarme,
y esta vez ya no pretendo soltarte.

Un viaje al reencuentro,
¿qué sería lo peor de intentarlo?
Quizá me pierda en el espacio,
o muera al estar entre sus labios.

-Las primeras salidas eran grandiosas, los mejores momentos de mi vida sin duda, sus besos sabor a miel y sus abrazos que me llenaban de energía, éramos un par de niños enamorados que caminaban por las calles de la ciudad agarrados de la mano, por las tardes las charlas en el Messenger eran constantes, sonriéndole a la computadora con miedo a que mis padres se dieran cuenta de que su pequeña hija se había enamorado, al momento de dormir sus buenas noches me encantaban y al amanecer sus buenos días me alegraban.

-Todo iba de maravilla, hasta que un fin de semana me dijo que necesitaba hablar, decirme algo importante, eso fue todo, se desconectó y logré hablar con él hasta que lo vi en el colegio.

-Sus palabras fueron directas, aunque en ese momento no podía entenderlas, "necesito un tiempo"... la clásica frase que te deja destrozada, sin importarle nada se dio la vuelta y se marchó con sus amigos, mientras las lágrimas por mi rostro se deslizaban, así comenzó la parte triste de mi historia.

-Y entonces llegas a ese punto donde no entiendes lo que está sucediendo, no tenía idea de porqué había sido así de rápido, de pronto él ya no estaba a mi lado, al salir del colegio fui corriendo a casa, me encerré en el cuarto, solo quería llorar...

-Mi madre llamó a la puerta para pedirme que bajara a comer, cuando sospechó que algo me sucedía, entonces entró y me preguntó: "¿Qué te sucede Keilani?, ¿por qué esas lágrimas?", fue entonces que le conté todo, necesitaba desahogar todo mi dolor.

CHICA VALIENTE

Qué bonita te ves siendo
la chica valiente,
con el corazón en mil pedazos,
pero sonriendo cada día...

Como si ya nada doliera.

-Aún recuerdo sus bellas palabras que me hicieron sentir bien por un instante: "Hija mía, eres apenas una niña, las personas van y vienen, te falta mucho por vivir, seca esas lágrimas, el tiempo te ayudará a olvidarlo", sin duda el mejor consejo de la mejor madre.

-Aunque ella tenía razón, no podía evitar llorar por las noches, en el colegio lo veía feliz, con otras chicas y yo no podía hacer nada, estaba devastada, deprimida, triste y sobre todo con la gran pregunta, ¿hasta cuándo dejará de doler?...

-El tiempo pasaba y las heridas sanaban, conocí a más personas en el colegio que me hicieron pasar por momentos grandiosos que en parte me hacían olvidarme de la tristeza, fue una gran experiencia, y con los años lo entendí, éramos niños, simples adolescentes que comenzaban a enamorarse y en algún momento le tocaría a él.

"El primer amor nunca se olvida,
siempre dura toda la vida…

En forma de recuerdos".

-Esta es mi historia, mi primer amor resumido en un relato corto, que me dejó grandes experiencias y muchos recuerdos.

Keilani ha terminado su historia, acaba de volver a sentarse en su silla con una lagrima entre sus mejillas, sonríe y nos pregunta a cada uno cómo fue nuestro primer amor, así que todos entre una plática rápida comenzamos a contarle.

Ha llegado mi turno y estuve guardando unas palabras para ella:

-Keilani, no sabes cuánto agradezco tu relato, la verdad es que me has dejado fascinado, pero sobre todo lleno de inspiración para describir tu historia.

-Déjame decirte que todos llegamos a conocer a nuestro primer amor a muy temprana edad, somos aún tan inocentes cuando comenzamos a sentir los primeros sentimientos, que a veces confundimos muchas cosas con el amor verdadero.

-La pequeña Keilani del presente ha mejorado, ha madurado y sobre todo ha logrado entenderlo, todos somos momentos, es mejor aprovechar cada segundo, disfrutarlo, también sufrirlo y llorarlo, porque eso nos genera la primera experiencia de nuestro profundo e inolvidable primer amor.

CAPÍTULO II

FEBRERO:
MES DEL AMOR ETERNO

FEBRERO

El segundo mes del año, el más corto de todos, pero de los más recordados, qué rápido pasan los días, qué bellas son las tardes frías, el mes donde los sentimientos se activan o para siempre se olvidan.

Febrero, donde el libro comienza a sentir cariño, activando recuerdos, sonrisas o lágrimas, el segundo capítulo de la aventura, aquel que nos demuestra el verdadero significado de lo "eterno".

Febrero, de los días que la mente nunca olvida, donde a mitad del recorrido celebramos la magia del amor, la incondicional amistad y en ocasiones uno que otro día de más.

Quizá febrero te recuerde a tu primer amor o tal vez te recuerde ese primer beso, la primera declaración o el primer obsequio envuelto en una sonrisa de emociones por sentir por primera vez ese sentimiento, el mes que le pertenece a los enamorados.

Al ver su última mirada
recordé cuánto la amaba,
y por más que iba a intentar olvidarla,
por siempre iba a recordarla.

Se activan los sentimientos,
se acelera el corazón,
los ojos comienzan a brillar,
estás a punto de experimentar
lo hermoso que es amar.

AMOR ETERNO

Todo en la mesa está más tranquilo y más silencioso, es entonces cuando comienzo nuevamente a mirar hacia cada una de ellas para elegir a la siguiente, ahora observo a una mujer mayor, sus cabellos blancos adornan su cansado, pero bello rostro.

Su mirada refleja tristeza, pero también puedo observar muchos momentos de felicidad, sus ojeras me decían que ya no descansaba como antes, se veía cansada de la vida, pero feliz de haberla vivido, estoy ansioso por escucharla.

¿Qué relato nos espera detrás de ese rostro lleno de historia?, me preguntaba mientras comenzaba la charla.

-Querida señora, ¿podría presentarse ante nosotros?...

-Por supuesto que sí, estoy encantada de poder contar mi historia, mi nombre es Judy, tengo 65 años y quiero platicarles sobre mi "eterno e inolvidable amor".

-Podría decirles que llegó a su fin hace un par de años, pero el inicio fue exactamente 45 años atrás, a mediados de la década de los 70´s.

JUDY

Ella es sinónimo de valentía,
mujer llena de sabiduría,
en sus ojos se observa poesía y
su experiencia transmite energía.

Así es ella, Judy, mi bella heroína,
preocupada siempre por la familia,
a pesar de los años sigue en armonía,
conservando su hermosa piel divina.

Su vida está llena de experiencia,
vive cada momento con paciencia,
pues sabe que está llena de carencias
y sentimientos en forma de creencias.

Sus abrazos pueden curar cualquier herida,
tienen el toque mágico de ser medicina,
sus consejos ayudan a cualquier corazón,
porque aprendió del amor en cada rincón.

Ella vivió sus mejores momentos
en años donde se crearon los mejores cuentos,
donde las citas eran con un café y grandes charlas,
de aquellas tardes mágicas resumidas en únicas.

Judy puede construir caminos con sus barreras
y es capaz de derrumbar todas las fronteras.
Hace un par de años que ella llora por una partida,
ya se ha marchado su eterno compañero de vida.

-Era una tarde de febrero, yo salía del trabajo, no había tenido la oportunidad de estudiar, así que buscaba la manera de llevar dinero a casa, por esa razón no siempre salía a fiestas o con los amigos, pero me gustaba mi vida, me gustaba esta ciudad, el aroma de sus calles, los árboles en cada cruce y las sonrisas de los habitantes.

-No me había percatado que ese día era uno de esos días festivos, el "día de los enamorados" como se conoce en todas partes, la verdad es que, yo estaba enfocada en el trabajo durante todos esos años y nunca había tenido la oportunidad de volver a enamorarme.

-Pero aquella tarde iba a ser diferente a las demás, caminé hacia la parada y comenzaba a llover, no traía paraguas, ni siquiera llevaba algún suéter, así que solo me abracé mientras esperaba el camión, fue entonces que escuché un "hola" junto a mí...

-Era un chico, de unos 22, de piel clara, cabello corto pero rizado y una sonrisa se dibujaba en su rostro mientras me preguntaba, "¿Tienes frío cierto?, toma mi chaqueta yo también estoy esperando el camión", su voz me encantó, me atrapó en ese instante. Acepté la chaqueta, mientras me abrigaba, me platicaba que había sido un día pesado en la universidad.

-"En la clase de hoy me fue tan mal que lo único que quería era salir e irme a casa, por suerte te encontré, la lluvia me hace feliz y ver a una mujer tan bella como tú me alegra aún más", esas fueron sus palabras, un poco confusas al principio por lo nervioso que estaba.

CON EL ALMA

Yo te quiero con el alma,
puedo dejarte feliz un sábado y
llevarte el desayuno por los domingos.

-Pero podría decirles que aquel momento también me hizo feliz. Tan pronto volteé la mirada vi que el camión pasaba, "yo también subo" dijo sonriendo, así que se sentó a mi lado mientras comenzábamos nuevamente a charlar sobre muchas cosas más.

-Cuando llegó el momento de bajarme, le agradecí la chaqueta, se la intentaba devolver, pero él dijo: "no, llévatela, tal vez sea una excusa para volver a coincidir", así que me la llevé puesta, y mientras bajaba le grité: ¡soy Judy, por cierto!

-Esa noche no dejé de pensar en su rostro, en sus labios, sus historias y su vida, me había cautivado. Al día siguiente fui feliz al trabajo, al salir y dirigirme hacia la parada fue muy inesperado toparme nuevamente con ese chico, exactamente ahí, esperando.

-Hola de nuevo, le dije emocionada, "hola, te estuve esperando" respondió, en ese momento supe que había algo más que un encuentro, así que me dejé llevar por el momento y volvimos a las charlas, esta vez acompañado de una propuesta, una cita.

-En esos años las rocolas eran muy populares, así que, en el día de la cita fuimos a un bar, tomamos un par de cervezas y charlamos toda la tarde, teníamos tantas cosas en común, fue una conexión que ambos sentimos, que sabía que duraría demasiado tiempo.

LOS AÑOS PASAN

Todo es instante en esta vida,
todo es temporal,
somos simples mortales,
simples momentos.

Aprovecha cada día,
plasma siempre alegría,
contagia a personas de tu buena vibra,
no todos fabrican su propia poesía.

Cumple lo que has pensado,
con esfuerzo se logra lo soñado,
no dejes para mañana lo de hoy,
puedes aumentar todo lo logrado.

No te arrepientas de nada,
pues la vida solo termina
cuando los años se acaban,
vive como se te dé la gana.

Vive que el tiempo se acaba,
vive como si no existiera mañana,
perdona y vive sin rencores,
así podrán perdonar tus errores.

Los años pasan y el pasado no regresa,
los años pasan y la piel se arruga,
los años pasan y la vida no perdona.
Al final, todos terminamos siendo recuerdos.

-Los días continuaron, las citas se hacían más frecuentes, las charlas ya se habían convertido en besos, y yo cada vez me sentía más enamorada, de sus ojos, de su sonrisa, de la calidez de sus manos al momento de tomar los míos, era el paraíso, en donde yo deseaba permanecer siempre, sus abrazos eran la vida resumida en un momento, su voz tan encantadora era la que yo quería escuchar cada mañana al despertar, y mira que así lo fue...

-Un par de años más tarde, en su plena graduación, él me propuso matrimonio, con lágrimas acepté, y desde aquel día comenzamos una vida juntos, el día de nuestra boda fue el mejor día de mi vida, ya éramos una misma alma, a punto de construir un soñado futuro.

-Cada mañana él me levantaba con un beso en la frente, con un abrazo y un "buenos días amor", y uno de tantos soles de alegría yo le di una sorpresa, íbamos a ser padres y al escucharlo me regaló una gran sonrisa, una que me recordó a la primera, de hace años.

-Los años transcurrían, y nuestro amor se multiplicó más con un segundo hijo, verlos crecer han sido los mejores momentos de mi vida, verlos graduarse, verlos encontrar al amor de sus vidas, convertirme en abuela, toda mi vida era hermosa.

-Pero tenía a un enemigo que nunca pensé, el tiempo, que cada vez nos hacía más y más viejos, una tarde estando en casa a él le llegó un dolor muy fuerte en el pecho y se desvaneció al suelo, los doctores llegaron pronto, pero nada lograron hacer.

ETERNOS

Ojalá algún día logre derrotar al tiempo
y sea momento de tenerte por toda la eternidad.

Y que no te sueltes nunca de mi mano,
que nunca puedas escapar de mis brazos,
que pueda sentir el latir de tu corazón para siempre.

Y que así,
seamos eternos.

-Desde aquella noche todo cambió, me habían arrebatado al amor de mi vida, a la persona que amé cada día, que necesitaba conmigo para siempre, no lograba entenderlo, no entendía porqué la vida era así, entré en una terrible depresión.

-Los años no alcanzaron, mi amor era infinito y los granos de arena llegaron hasta abajo, la muerte me lo había arrebatado, el cielo en aquella mirada había desaparecido, junto con mi vida que también se fue, se había llevado todo.

-Hace poco entendí que debía continuar, ya no lo hago como antes, ya no respiro la vida, simplemente espero mi momento, porque sé que lo volveré a ver, volveremos a estar juntos, pero ahora solo lo mantengo en mis recuerdos, a mi eterno amor infinito.

"Tanto amor en tan poca vida".

Judy ha terminado su historia con lágrimas en los ojos y no solo de ella, debo admitir que su historia me ha traído bastante sentimiento, deseando que algún día en un futuro yo también pueda vivir una historia así de hermosa.

Vuelve a sentarse y se limpia el rostro, mientras yo le dedico unas palabras tras su hermoso relato:

-Me has dejado sorprendido, no recuerdo haber escuchado una historia tan eterna como la suya, tan llena de amor y me han quedado esperanzas de algún día encontrar a mi propio amor eterno, también nos dejas muchas lecciones, sobre todo una muy importante...

-El de la "confianza" que debe existir entre dos personas, la fidelidad inmensa entre los dos durante todo el tiempo que estuvieron juntos fue la clave de su amor, y estoy seguro que no fue una despedida, ha sido un hasta pronto, porque sé que en algún momento volverás a abrazarlo y toda la tranquilidad volverá a ti.

Entre muchos aplausos nos despedimos del segundo relato, imaginando un reencuentro entre ellos, y así comenzamos la tercera aventura...

CAPÍTULO III

MARZO:
MES DEL AMOR DE AVENTURAS

MARZO

El tercer mes del año, donde las flores vuelven a nacer y regresan las esperanzas, donde el frío se aleja y abre paso a la vida, la época primaveral, donde celebramos a la creación más bella y a lo hermoso que es la poesía.

Marzo, el mes de las aventuras, donde comenzamos a curar las heridas con dosis de locura, los días se vuelven cortos y las noches parecen largas, noches que no acaban, poseedoras de momentos que quedarán plasmados en nuestra mente por siempre.

Marzo, el sol brilla más fuerte, el hielo se derrite, los arroyos vuelven a recorrer los pasillos de la naturaleza, los árboles reviven y vuelven a florecer, los animales despiertan y salen de sus cuevas, es como un nuevo comienzo, un nuevo amanecer.

La primera cuarta parte del año, marzo es el mes donde nuestras metas parecen funcionar, o donde las comenzamos a olvidar, será un mes largo, aún existen esperanzas de conseguir lo que estamos soñando, las historias apenas comienzan.

Te cambio la fiesta por una noche
de charlas entre las estrellas y
un café por las mañanas...

¿Aceptas?

Mientras más frío te vuelves,
más inmune eres al dolor,
mientras más aventuras busques,
más cerca estás de reencontrarte
con el amor...

¡Arriésgate!

AMOR DE AVENTURAS

Hasta ahora me han encantado las dos primeras historias y esta vez estoy buscando una con más intensidad, de aquellas llenas de locuras, así que les pregunto a las chicas: ¿quién de todas ha vivido un amor de aventuras?, apenas termino la pregunta y una ha levantado la mano.

Una joven con los labios gruesos, mirada perdida, piel clara y un carisma que me agrada, su porte y la forma en como vestía me decía que en ella habitaba un grandioso relato, uno de aquellos donde la adrenalina sobra y las aventuras perduran.

-Señorita, usted me acaba de recordar a una de mis amistades más valiosas, el valor que ha tenido en levantar la mano me ha mostrado que tiene mucho por contarnos, así que, ¿por qué no comenzamos?...

Me regala una sonrisa mientras responde:

-Bueno, mi nombre es Bely, tengo 23 años, y quisiera contarles sobre un "amor de aventuras", uno de esos que duran poco, pero marcan por siempre.

-Eran fechas finales de marzo, 4 años atrás, estaba estudiando la preparatoria en la ciudad y vivía lejos de mi madre, yo sola en un apartamento…

BELY

Tan brillante como la luna,
tan llena de energía,
más atrevida que ninguna,
la mujer que a todo se arriesgaría.

Ella puede hacer realidad lo imposible,
su mirada es tan fría como la nieve,
pero conquistarla sí era posible,
se enamoró cuando tenía diecinueve.

Con la habilidad de convertir un mal día
en momentos que quedan marcados de por vida,
noches donde reúne miles de sonrisas de alegría,
aunque en el fondo se sienta siempre vacía.

Dicen que siempre se viste a su manera,
sin saber que ella inventa sus propias modas,
no hacen falta motivos para verla sonreír,
su fortaleza está en su forma de vivir.

Su cuerpo adornado por tatuajes,
cada uno posee sus bellas razones,
al igual que cada una de sus cicatrices,
sanadas a veces por sus adicciones.

Ella intenta vivir los días al límite,
sin importarle ya algún incidente.
Su corazón reciente un amor de aventuras,
locuras que en su corazón quedaron grabadas.

-Pasaba por una decepción, así que buscaba la manera de poder distraerme, solía siempre esperar la puesta de sol y salir al caer la noche, en busca de diversión, de compañía y alejarme un poco de todo lo que me atormentaba.

-Pero una de esas noches fue diferente, la cita era a pocos metros de casa, una de tantas fiestas que realizan los universitarios, así que me vestí como ya era costumbre, vestido negro, medias caladas, zapatos altos y labial rojo.

-Pretendía volver como últimamente lo hacía, mareada, con la mirada perdida y olvidada de todo, de todos esos recuerdos que en el interior aún dolían, llegar a la cama y dormir sin llorar, solo dormir ahogada entre el alcohol y el cansancio.

-Era una noche cálida, cálida como el amor que ya no tenía, entre festejos y amistades se encontraba un chico a quien no conocía, un hombre vestido de azul que al pretender un primer saludo lo ignoré por completo, ya no quería conocer a nadie en especial.

-Me habían enseñado que tenía que disfrutar cada minuto que fuera posible para poder olvidar el pasado, y aquel chico de la remera azul volvió a aparecer...

-Con una sonrisa retorcida se presentaba una vez más, lo tomé como una persona del montón y comenzamos a charlar, las horas pasaban y en cada minuto que me regalaba mi vida cambiaba, tenía un toque mágico en sus palabras.

AMANTES

Siempre te consideré algo más que un instante,
no eras para pasar el rato, fuiste algo más importante.
¿Cómo voy a sacarte de mi mente?,
si apareces a cada instante.

Aun no entiendo cómo lograste conquistar a mis demonios,
si ellos ya no buscaban ser gobernados,
estaban cansados de mentiras,
ya solo querían diversión y locura.

No recuerdo en cuántas noches logré olvidarte,
pero llevé a muchos a la cama sin considerarlos amantes,
solo trataba de alejarte de mi mente.
Siempre traté de olvidarte con el alcohol,
pero su sabor me recordaba a tus besos.

Lo intenté con distintas drogas,
y al final terminaba siempre imaginándote,
intentando siempre quedarme en el viaje,
quizá en un mundo imaginario sí podría tenerte.

Busca diversión, sal a divertirte,
solo nunca lo olvides: Ten cuidado con las aventuras,
muchas veces no resultan del todo divertidas,
si pierdes y caes en una mirada,
ya nadie podrá salvarte.

Siempre seremos amantes eternos,
a pesar de estar sin tenernos.

-No quedó en una noche de fiesta, él siguió buscándome, seguía ofreciendo su tiempo, su compañía y la magia de sus palabras a mis días y noches de agonía.

-Con el tiempo mis ojos volvieron a tener el brillo que tanto les hacía falta, podía sentir cómo los tejidos dentro de mí se volvían a unir, cómo los latidos de mi corazón volvían con una frecuencia cada vez más rápida. Me estaba enamorando de quien no creía, aquel hombre un año menor que yo.

-Jamás llegué a pensar sentir algo así por una persona después de que otra había acabado conmigo, él había llegado a mi vida por algún motivo, llegó cuando ya nada tenía sentido, a demostrarme que tarde o temprano la vida te enseña el camino para seguir adelante.

-Aprendí que, aun cuando los obstáculos son demasiados, siempre llegará alguien a repararte, dándote lo mejor que puede ofrecer, a enseñarte que no debes darte por vencida, llegó para curarme.

-Me encantaba verlo por las tardes, cuando regresaba de sus clases, verlo con su típico atuendo blanco y platicar de cómo había pasado el día. Por las noches yo volvía a las típicas fiestas, pero esta vez ya estaba acompañada, por un chico que me había curado el alma.

-Los fines de semana eran las salidas al cine, al centro, al parque o solamente para comer, pero todo me encantaba si era a su lado. De vez en cuando yo salía sola por las heridas que aún no sanaban del todo, me habían dejado una en especial, el vicio al alcohol.

CUANDO EL SOL SE OCULTA

Te recuerdo casi siempre,
pero escribirte ya nunca,
tengo un mejor aliado para pensarte,
el atardecer me ayuda a recordarte.

Cuando el sol se oculta,
los recuerdos se asoman,
cuando la luna deslumbra,
tus fantasmas me acosan.

Encontré la manera para ya no buscarte,
ahora que ya no puedo soñarte,
en la oscuridad intento imaginarte,
porque al salir el sol vuelvo a abandonarte.

Cuando el sol se oculta,
dibujo la curva de tu sonrisa,
admirando el rojo de tus mejillas,
imaginando que aún me abrazas.

Me gusta tanto el atardecer,
me permite explicar tu ausencia,
sin necesidad de tanta ciencia,
invento sentir tan solo una caricia.

Ojalá fueras real y no solo un cuento,
que comienzo a escribir al mirar las estrellas.
Ojalá fueras tú quien me arropara,
y no el frío que me acompaña, cuando el sol se oculta.

-Una de esas cicatrices que todavía no podía curar, que no lograba controlar, que, a pesar de estar enamorándome cada día más, mi cuerpo aún me pedía la misma rutina, un vicio que me dejaría tal y como todo empezó, sin nada y sin nadie.

-Y cuando uno no puede controlar sus vicios entonces llegan las consecuencias, pues una tarde él simplemente se fue, sin decir mucho, solo un último mensaje: "cuídate mucho y qué lástima saber que no encontraste en mí, lo que tanto buscabas".

-Si tan solo supiera que en él encontré mucho más de lo que buscaba, pero no podía controlarme en ese entonces, solo volví a la misma vida, las mismas rutinas, sin buscarlo, sin dar alguna explicación y ahora no saben cuánto me arrepiento.

-Desde aquel día de su partida nunca volví a saber de él, no saben lo mucho que me hubiera gustado volver a verlo una vez más y si así sucediera en algún momento, no dudaré en decirle "gracias", por haber estado conmigo cuando estaba perdida en un vacío.

-Por llenarme de besos, de caricias y de abrazos sinceros, por hacerme entender que aún podía sentir mucho por otra persona, por haberme regalado días de inmensa felicidad, por verlo en repetidas ocasiones con ese atuendo que me encantaba.

¡VOY A QUERERTE SIEMPRE!

Tal vez llegue el día en que deje de verte,
tal vez llegue el día en que dejemos de hablar,
tal vez conozcas a otras personas...

Y que un día ya no viva en tu memoria,
porque aunque la vida nos juntó aquella tarde,
tal vez el destino no nos quiere ver juntos.

Pero créeme,
que si en un futuro vuelvo a encontrarte,
yo seguiré queriéndote.

¡Tanto como siempre!

-Me hubiera encantado darle una despedida más formal, más decente y sobre todo darle una última explicación del porqué me seguía pasando lo mismo, porque aún no podía controlarme y dejar atrás todo para estar tranquila a su lado.

-Lo único que puedo decir ahora, es que siempre le desee lo mejor, en ningún momento me hubiera gustado verlo sufrir, porque no lo merecía, donde quiera que se encuentre ahora, deseo que sea feliz, esperando que la vida le haya agradecido todo lo que hizo por mí.

-Él era o incluso aún es de esas personas que llegan a salvarte y se van así tan rápido y en un solo instante, tal y como llegaron, esas personas que no merecen ser odiadas, al contrario, merecen ser recordadas, por siempre.

"Llegaste el día en que menos te esperaba...
Y te fuiste en la vida que más te necesitaba".

Cuando Bely termina su historia, yo comienzo a realizar mi resumen, una lección muy importante que nos ha dejado, muchas veces intentamos olvidar un pasado con un amor de aventuras, y terminamos peor, enamorándonos de esa persona que en un principio era alguien sin importancia.

Quizá después de un amor así, tan pasajero, volvamos a reconstruir nuestras vidas, volvamos a encontrar otro amor y hagamos nuestras vidas tal y como lo soñamos siempre, pero sin duda esa persona que te marcó y te salvó en algún momento, nunca se olvida.

-Gracias Bely por compartirnos tu historia, no sabes cuánto deseo que en un futuro vuelvan a coincidir y tan solo puedas cumplir con ese último deseo, quitar todo el peso que llevas encima y darle las gracias a esa persona que cambió tu vida para bien.

Todos en la mesa comenzamos a dar una pequeña anécdota de nuestros amores de aventuras, uno con mayor intensidad que otro, pero con la misma lección de vida, mientras nos preparamos para la cuarta historia.

¿Quién será nuestra siguiente chica?...

CAPÍTULO IV

ABRIL:
MES DEL AMOR DE RECUERDOS

ABRIL

El cuarto mes del año, 30 días de nuevas oportunidades, donde la primavera abre la tierra y con ella a la vida entera, un mes con un pasado oscuro, lleno de guerras y tragedias, pero que en el presente solo han quedado como recuerdos.

Ahora son días de alegría y de sonrisas eternas, en especial para los más pequeños, en donde celebramos una de las creaciones y maravillas hechas por el hombre, "el majestuoso libro".

Abril, el mes de los recuerdos, donde llegan a nuestra mente las memorias de cuando fuimos felices, donde la inocencia era parte de nuestros días y las travesuras nos rodeaban en cada tarde con los amigos.

Abril, donde recordamos que en el pasado teníamos a las personas que aún no se iban, recuerdos que nos hacen entender lo feliz que éramos, y sin saberlo.

Encendió mi corazón sin siquiera tocarme,
supe que era amor, cuando me imaginé
conocerla y escuchar la calidez de su voz,
susurrándome quererme.

Abril de momentos, el mes
de los recuerdos de la niñez.

Ella es eterna, sin importar
quienes lleguen o quienes se van,
así como mis letras,
ella siempre permanecerá.

AMOR DE RECUERDOS

Todo alrededor parece estar más tranquilo y en silencio, es cuando nuevamente vuelvo a pensar: ¿quién será la próxima chica que pueda relatarnos su historia?, para este mes me han llegado muchas memorias, sé que es especial para mí, llena de hermosos recuerdos.

Una de ellas me ha llamado la atención, pues trae consigo un sobre, una mujer de piel morena, con el cabello ondulado, simpática y que con simple vista puedo asegurar que es tan pacifista, tan tranquila y sobre todo tan paciente.

Así que tan pronto me llega la duda, y el presentimiento de que ella sería la siguiente, pregunté:

-¿Qué traes ahí contigo?, ¿podrías ser la próxima en relatarnos su historia?

Extendía los brazos mientras abría el sobre, nos mostró que contenía varias cartas, y seguido comenzaba con su relato:

-Estas son cartas que conservo conmigo desde hace tiempo, son de un amor que me dejó muy lindos recuerdos y por esa razón aún mantengo estos valiosos tesoros.

-Fueron escritas hace 22 años, cuando yo recién cumplía los 16, estaba a mitad de la preparatoria, en la etapa donde ya todos pensábamos en el futuro, en elegir nuestra carrera y llegar a ser profesionales…

ISABELLA

Ella es sinónimo de paciencia,
mujer llena de inmensos recuerdos,
caminando siempre en armonía
y curando entre abrigados abrazos.

La doncella disfrazada de alegría,
mil amores se cruzan por su camino,
incluso el amor eterno ya ha tenido,
pero su corazón no olvida a quien le escribió poesía.

Ella tiene valor por su historia,
le encanta vivir de momentos,
muchos de su pasado ya se alejaron,
pero en su mente siempre los ha guardado.

Fiel creyente de los tiempos de Dios,
ha visualizado el cielo entre sus ojos,
no cree en la coincidencia o en la suerte,
pues sabe que existen los milagros.

Su amor es más intenso que cualquiera,
cada una de sus palabras es sincera,
sus caricias en la piel quedan plasmadas,
y su cariño hacia otros es más demostrado.

Isabella cuida y protege cada detalle que recibe,
cuando las intenciones llegan del alma ella lo percibe.
Amante de los sueños y viajes espirituales,
admiradora de los hermosos amaneceres.

-Aún faltaba más de un año para poder ir a la universidad, el lugar donde vivía no era una ciudad, era un pueblo donde no había esas oportunidades de poder estudiar, teníamos que salir fuera a las grandes ciudades a cumplir nuestro sueño.

-Yo estaba consciente de eso, así que me enfocaba mucho en mis calificaciones, en lograr tener un buen promedio para que todo fuera más fácil para mí, no salía con chicos, solo me gustaba ir con amigos de paseo.

-Ya había tenido uno que otro novio en el pasado, pero en esa etapa no estaba en busca de nadie, y ese es el problema, que cuando uno no espera nada, las personas más especiales llegan de la nada.

-Ya tenía unos meses que un chico me mandaba cartas, detalles, rosas, obsequios y que por estar enfocada más en mis estudios no le había tomado mucho en cuenta, pero a pesar de todo él nunca se rindió, durante el almuerzo en el colegio él se acercó y me invitó a salir, al principio tuve muchos nervios y no sabía qué contestar.

-Pero después de hacerme la pregunta se presentó y comenzamos a conversar, me hizo reír y divertirme con sus tonterías, al terminar el desayuno él amablemente pagó el mío y seguido de ello me hizo nuevamente la pregunta: "¿Aceptarías salir conmigo?"

-Después de haber pasado un rato agradable aumentó mi interés por conocerlo, así que acepté, quedamos en vernos en el parque del pueblo por la tarde, llegué 15 minutos tarde, pero él ahí estaba aún, esperando con un ramo de rosas.

71

ELLA SE FUE

Le di lo mejor de mi vida,
le ofrecí felicidad y un buen futuro,
le escribí hasta quedarme sin letras.

Recibió mi mejor versión,
recibió la paz que llevaba dentro
y la tranquilidad que acompañaba a mis días.

Le cantaba canciones,
la llenaba de caricias,
de besos y abrazos,
detalles y pasiones.

Pero todo no fue suficiente...

Ella se fue.

-Le pedí una disculpa y seguido de eso solo respondió: "descuida, ya esperé mucho para poder salir contigo, unos minutos no es nada", esa pequeña respuesta nunca se me va a olvidar, siempre la llevo conmigo.

-Pues al principio pensaba que solo quería jugar conmigo, pero con el tiempo me di cuenta que era diferente al resto, tenía un toque que lo hacía especial, su sinceridad me cautivó porque era de mis atracciones favoritas, yo no observaba un rostro bello o un cuerpo atlético, a mí me gustaba la sinceridad y las palabras reales que demostraban la verdad, así fue como logró conquistarme.

-En el colegio lo veía en cada almuerzo, pasábamos ratos muy agradables, mientras que por las tardes el caminar por el pueblo, por el parque, respirar el aire puro y admirar la naturaleza era perfecto, 3 semanas después me pidió ser su novia.

-Yo acepté de inmediato y todo parecía marchar de maravilla, me había olvidado por completo de que solo quedaba poco tiempo para comenzar con la universidad y dejar todo esto atrás, pues cada quien tomaría caminos distintos para cumplir con sus metas.

-Pero las tardes a su lado parecían no terminar, el tiempo se detenía en sus ojos, sus besos eran eternos y sus caricias inolvidables, irremplazables, él fue mi primera vez, no solo en tener relaciones, con él hice muchas cosas por primera vez, enamorarme también.

LA DUEÑA DE MI VIDA

Ella posee el paraíso detrás de sus ojos,
una cárcel de caricias entre sus manos,
el infierno entero entre sus labios
y deseos de pasión entre sus abrazos.

Ella puede controlar mi mundo,
puede destruirme en un segundo,
volver locos a mis demonios,
romper las barreras de mis dominios.

La dueña de mi vida, sin tenerme a su lado,
es capaz de traer a mis sentimientos amenazados
con atraparlos de nuevo en una inmensa locura,
y tan solo necesitan observar su cintura.

Soy esclavo de sus besos,
aunque parezca extraño,
yo de ella aún sigo enamorado,
cada día en ella sigo pensando.

La mujer de mis sueños,
el motivo de mis deseos,
una vida a su lado sigo deseando,
pero sé que solo seguiré esperando.

No soy el elegido para su destino,
pero puedo vivir plasmado de su recuerdo.
Soñando cada noche con tenerla,
porque sigo sin entender cómo fui a perderla.

-Teníamos algo hermoso, pero con el paso del tiempo las cosas comenzaron a cambiar, llegaban los meses finales de la escuela, todos tenían ya decidida la carrera que deseaban estudiar, yo había pasado desapercibido todo eso, pero una tarde él me dijo:

-"Creo que sabes que esto ya no va a durar mucho tiempo, te amo, pero también merecemos un mejor futuro, una buena vida, quizá volvamos a coincidir después, cuando los dos tengamos una carrera, un logro, un sueño cumplido, yo voy a seguir queriéndote, pero sabes muy bien que estamos a punto de decirnos adiós".

-Al principio me causó mucho dolor, pero sabía que en el fondo tenía razón, que así fue desde el principio.

-Y quizá no debí haberme enamorado tan profundamente, pero la manera en cómo me trataba, me hablaba, me miraba, era imposible no caer ante eso.

-Aún salíamos por las tardes, platicando sobre cómo sería el futuro si algún día nos volveríamos a encontrar, al llegar a casa solo lloraba, tratando de entender, preguntándome, ¿por qué tenía que ser de esa manera?, ¿por qué el intentar buscar una vida mejor tenía un precio tan alto?

-Faltaban semanas, días, horas, se acercaba la clausura del colegio, ya había asumido un poco y aceptado que este era nuestro destino, así que preparaba una despedida acompañada de un millón de lágrimas para que nunca me olvidara.

MAGIA

Magia era lo que transmitía,
al mirarla mis demonios
ante su sonrisa se rendían.

-Llegó el momento de despedirnos de nuestros compañeros, dejar a un lado todo lo que teníamos en ese instante, fue un momento de mucho sentimiento, no solo dejaba al amor de mi vida, también dejaba a mis amigos, a mis padres, a toda una vida.

-Después de terminar el colegio, pasé las últimas tardes a su lado, llegó el último día en que íbamos a vernos, por la mañana él se iba a la ciudad, lejos, sin saber si lo volvería a ver, pero esa tarde me dio una última carta, me llevó mis chocolates favoritos y paseamos por todos los rincones, hicimos el amor por última vez y mientras se vestía me colocó una cadena en el cuello... su último obsequio.

-Él se fue, y yo también, tomamos caminos distintos, pero siempre lo llevé conmigo, los años pasaron y las nuevas experiencias en la universidad hizo que nos olvidáramos, dejamos de conversar por chat, cada quien hizo su vida, pero sus recuerdos los llevo siempre conmigo, porque fue de mis mejores amores, un amor que me dejó lindos y eternos recuerdos.

"Te conservo en mi mente y en mis recuerdos, porque a mi lado no pude tenerte".

Cuando Isabella termina su historia, una serie de sentimientos recorren mi cuerpo y un nudo se apodera de mi garganta, he quedado maravillado con tan hermoso relato, he anotado mucho y comienzo con mi reseña.

-Gracias Isabella por deleitarnos con tan bella historia, entiendo muy bien lo que viviste, yo he recordado que también crecí en un pueblo, tuve que salir a la ciudad para alcanzar mis sueños, pero sin duda los recuerdos de los amoríos del pasado nunca se olvidan.

-Estoy seguro que todavía conservo un par de cartas de mi primera novia, con la que duré muchos años, los momentos y cada instante junto a ella nunca se me olvidan, he vuelto a conservar su recuerdo como un valioso tesoro, que por nada del mundo cambiaría.

Las chicas comienzan a relatar su recuerdo del pasado, los objetos que aún conservan de un viejo amor, de una persona que se alejó o inclusive de un familiar que ya no está, un momento de nostalgia mientras me pregunto quién será nuestra siguiente chica y con qué historia nos sorprenderá…

CAPÍTULO V

MAYO:
MES DEL AMOR DE LECCIONES

MAYO

El quinto mes del año, nunca es tarde para comenzar el cambio, aún queda mucho por vivir, todavía se puede dejar el pasado y volver a empezar, resucitar, gritarle al cielo que sí es posible, que, si se propone y se lucha por alcanzarlo, nada es imposible.

El mes de la madre, donde celebramos a la mujer que nos dio la vida, nos regaló sus mejores días, nos llenó de amor, caricias, abrazos y de momentos que siempre tendremos presente, porque ella merece todo, ella es el amor de nuestras vidas, nuestra madre.

Mayo, donde a mitad del mes podemos compartir y agradecer que tenemos una valiosa familia con nosotros, que podemos sonreír gracias al calor de un hogar, donde siempre tendremos amor y comprensión a pesar de todos nuestros fallos.

Mayo, vamos a llenarnos de lecciones y experiencias que nos ayuden a enfrentar la vida que tenemos por delante, vamos a fortalecer el espíritu y purificar el corazón para soportar las guerras que están por venir.

Porque a pesar de todos mis fallos
y fracasos, ella será la única que
siempre estará para levantarme.

Ella, mi madre.

Aprendí a vivir sin esperarte,
a sentir sin abrazarte y a
sonreír sin intentar recordarte.

AMOR DE LECCIONES

Ya es momento de elegir a la siguiente chica para seguir con los relatos, pero antes de hacerlo me he quedado hipnotizado al ver ya más de cerca a una joven tan hermosa, que desde la entrada había hecho brillar a mis ojos, hace mucho que no tenía una descarga de impresiones al ver por primera vez a una persona.

Ella es de piel morena, lleva brackets metálicos en la boca, pero en realidad eso es una atracción para mí, me encantan las sonrisas en proceso de ser perfectas, su cabello es rizado, ese estilo que siempre ha sido mi favorito, y sus ojos cafés poseen magia pura.

Su belleza me había cautivado, me había cortado la voz e incluso me hacía temblar con tan solo mirarla, me recordaba a una mujer de mi pasado a la que nunca me atreví a decirle todo lo que sentía y llevaba dentro, pero que me había tocado el alma con tan solo verla y escuchar su voz al hablarme.

He decidido que ella será la siguiente, así que estoy perdiendo un poco el miedo y dejando los nervios atrás para iniciar con la conversación y preguntar:

-Hola,

-¿Cuál es tu nombre?...

-¿Podrías ser tú nuestra próxima aventura a relatar?

TATJANA

La mujer más hermosa del mundo,
la eterna princesa según las leyendas,
no necesita de alguna corona para reinar,
su belleza es la clave para gobernar.

Divertida y sonriente,
positiva y tan llena de energía siempre,
ella puede conquistar cualquier corazón,
y tan solo le basta con sonreír.

Ella de niña era una coqueta,
ahora por tiempos es celosa,
hay días en que está de malas,
pero en todas sus facetas es perfecta.

Tiene el don de alegrar las tardes de lluvia,
hace feliz al cielo con su esponjado cabello,
y a pesar de traer bellas ojeras por cansancio,
su mirada sigue siendo su arma más poderosa.

Paciente y trabajadora,
amigable y soñadora,
ella se enamora con intensidad
y les juro que nunca traiciona.

Tatjana es la mujer que todo merece,
y tan solo le basta con que la abracen.
Ella está llena de heridas y lecciones,
que con el tiempo se volvieron en preciosas cicatrices.

Tan pronto terminé la pregunta, ella contesta con gran entusiasmo:

-¡Claro que sí!

-Estaba esperando mi turno, mi nombre es Tatjana, tengo 24 años y quiero platicarles sobre un amor que dejó muchas lecciones en mi vida.

-Yo tenía 18 años, estaba iniciando con el sueño de estudiar una carrera y quería que todo fuera perfecto, que existiera más calma y menos tormentas, porque antes ya había pasado por muchas, aún no estaba preparada para volver a enamorarme.

-Los primeros días en la universidad eran increíbles, aunque había un chico de mi clase que insistía en conocerme, al principio su atrevimiento era insensato y mi corazón aún no quería saber del amor, ni de las grandes explosiones de emociones que causaba.

-Una tarde mientras salía de la escuela y me dirigía a casa, él me alcanzó, me preguntó: "¿puedo acompañarte?", y primero respondí que no, pero nuevamente volvió a insistir y observé buenas intenciones en él, así que acepté.

-Durante el camino estuvimos charlando, sus palabras eran tan mágicas, como si de verdad fuera cierta cada una de sus letras, su sonrisa parecía sincera, me acompañó hasta la puerta y en un intento de besarme simplemente lo rechacé.

MI MADRE

Porque a pesar
de todos mis fallos y fracasos,
ella será la única
que siempre estará
para levantarme.

Ella, mi madre.

-Se despidió de mí y a la mañana siguiente volvió a buscarme en clases, así fue durante varias semanas, siempre volvía con sus cuentos y sus intentos de lograr conquistarme, de lograr entregarle el alma, de buscar sus abrazos y desear sus besos.

-Los días avanzaban y con el tiempo lo fui aceptando, me brindaba momentos de inmensa felicidad, cada vez mi sonrisa más se agrandaba, mi corazón palpitaba y mis manos temblaban, no podía creerlo, pero me estaba volviendo a enamorar.

-Me había atado una venda a los ojos, literalmente, no podía ver más allá de sus palabras, no sabía qué había de bueno en él o qué tenía de malo, hasta parecía que no me había servido de nada tantas experiencias y lecciones pasadas.

-Y después de muchas insistencias por fin acepté estar con él, a vivir una aventura más y tratar de superar lo pasado, lo volví a intentar y no saben cuánto me arrepiento de no haber esperado un poco más para lograr entender lo que estaba por venir.

-Como toda relación, al principio todo parece ser un cuento de hadas, pero con el tiempo te vas dando cuenta de la realidad, pues no todo siempre es felicidad, me llegaban muchas historias de otras personas, mensajes, llamadas y un sinfín de afirmaciones de que él no era lo que yo pensaba y que solo había estado jugando conmigo.

ALGÚN DÍA, NO MUY LEJANO

Algún día, no muy lejano,
podré acariciar tus manos estando a mi lado.

Podré mirar tus ojos tan cerca
conectando tu boca con mis labios,
quizá muy pronto te encuentres
recostada y en mis brazos abrazada.

Algún día, no muy lejano,
te prometo vivirás en el cielo,
no necesitaremos más, mientras
el suspiro nos reviva cuando todo se esté alejando.

Algún día, no muy lejano,
viviremos entre árboles y haremos el pecado.

Podré escribir mis versos
en tu piel con tu pelo tan rizado adornando,
quizá muy pronto viviremos entre libros
y escuchando mis canciones en el piano.

Algún día, no muy lejano,
Te prometo recorrer el paraíso por las tardes de verano,
si de los poros de tu piel puedo vivir respirando,
mi amor eterno tendrás en la palma de tu mano.

Algún día, no muy lejano,
Incondicional y para siempre estarás, de mí acompañado.

-Es ahí donde afirmo que hay personas que pueden mentirte con las palabras y matarte hasta con la mirada, porque en realidad todo lo que me habían dicho era verdad, una noche lo vi con alguien más, paseando de la mano por la calle.

-¡Quién iba a pensarlo!, aquel chico que insistió tanto y que al final cuando consiguió curarme, enamorarme y tenerme perdidamente entregada a él, simplemente decidió engañarme, y quizá ese fue siempre su único propósito.

-Tan pronto pude verlo, le pedí explicaciones, pero creo que todo ya estaba dicho, era yo quien no quería aceptar la realidad, no quería abrir los ojos y darme cuenta que estaba con alguien que no me quería, que no me pensaba y no se preocupaba por el dolor que en ese momento me atormentaba.

-Luché contra el alma y contra el amor que por él sentía, yo no podía salir de su compañía, mientras mi vida se destrozaba en todos los sentidos, intentaba poder recuperarlo, estar a su lado cada día, mostrarle más interés, llenarlo de besos y caricias, demostrarle que de verdad lo quería.

-Pero ya nada era lo mismo, ya lo había perdido o tal vez nunca lo había tenido.

-Parecía que todo volvía a ser tristezas y tormentas, una lección más que mi corazón aún no aceptaba, pero con el tiempo me di cuenta que todo lo que estaba haciendo no estaba bien y que tenía que terminar con todo lo que me hacía daño.

TE EXTRAÑO

No sé cómo describir tu ausencia,
te marchaste y dejaste un vacío en mi vida,
que estoy seguro nunca podré llenar,
no volveré a encontrarte en otro cuerpo,
ni mucho menos en otras almas…

Te extraño,
como no te lo imaginas,
pero también entiendo,
que de extrañar nunca se vive.

-Fue entonces que tomé una decisión, con la ayuda de Dios y mucho amor propio decidí alejarme, lo había entendido, una mujer tiene que valorarse a sí misma sobre todas las cosas, conocerse, imponer su carácter y sin miedo a quedarse sola, amarse antes que a cualquier persona y luchar por sus sueños.

-Porque cada lección que la vida te pone enfrente te hace cada vez más fuerte, te hace entender mejor el sentido de la vida misma y comprendes que de los errores también se aprende, y yo aprendí a quererme.

-Con el tiempo logré superar todo, volví a conocer a otra persona, y esta vez las lecciones me ayudaron a llevar todo más despacio, aunque debo decirles que muchas veces el pasado te persigue y yo llegué a recordar todo lo anterior.

-Tenía tanto miedo de que volviera a pasar lo mismo, miedo de volver a caer en mentiras y una consecuencia de todo lo pasado fueron los celos interminables, no podía controlar los malos pensamientos, pero esta vez sí era diferente, sus acciones me mostraron mucho más que las palabras.

-Me costó demasiado, pero lo logré, volví a confiar en el amor una vez más, aplicando mis lecciones pasadas para entender que aún hay esperanza, vuelves a encontrar la felicidad, cumples tus sueños y resurges para entregar nuevamente todo lo que llevas dentro.

"Tranquila corazón, ya vendrá
quien te dé su vida y pueda reconstruir
tus constelaciones más hermosas".

Con una sonrisa Tatjana termina su historia y nos hace entender lo valioso que es el aprender a querernos, a valorar nuestras vidas y no dejarlo todo por una persona que no nos merece, porque volveremos a encontrar el amor, no sin antes haber pasado por experiencias que dejarán grandes enseñanzas.

-Tatjana, muchas gracias por las lecciones que nos diste en esta historia, sé que nos servirá a todos en algún momento, el hecho de no quedarse atorado y seguir adelante es una forma tan valiente de aprender a quererse.

-Y la manera en que superaste todo y volviste a encontrar la felicidad en tu vida es de admirar, yo recuerdo que hace unos años también le di ese consejo a una chica en la universidad, que por cierto me gustaba demasiado, pero ya había aceptado que no podía hacer mucho, solo darle a entender que era más valiosa de lo que ella se imaginaba.

En la mesa todas comienzan a relatar alguna de sus lecciones que han tenido en sus vidas, cada experiencia ayuda a crecer y a escuchar, cada una seguro reforzará a todos en nuestro recorrido. Así se llega al final de la quinta historia, mientras yo sigo con muchas ilusiones de seguir descubriendo nuevas aventuras.

De las lecciones se aprende a ser cada vez más fuerte.

CAPÍTULO VI

JUNIO:
MES DEL AMOR DE REGRESOS

JUNIO

El sexto mes del año, todo es posible cuando se sueña en grande, las puertas del verano se abren para dar inicio a un sinfín de nuevas aventuras, para conocer a gente nueva, viajar, disfrutar, pero, sobre todo, seguir siempre con una gran sonrisa en el rostro.

El mes del padre, donde celebramos a nuestro mayor ejemplo, al hombre que siempre nos apoya, nos ayuda y nos protege, por todo lo que hizo y sigue haciendo por nosotros, nuestro primer héroe, él se merece todo, por estar ahí, en todo momento.

Junio, estamos llegando a la mitad del año, la mitad del libro, y aprender a valorar es de lo más importante ahora, entender que cada vida es valiosa, sí, es momento de disfrutar de las vacaciones, pero siempre cuidando todo aquello que tenemos alrededor.

Junio, que sea un mes de recuerdos y no de regresos, las segundas oportunidades sí existen, pero más ya no, pues a largo plazo todo lo que alguna vez causó muchas alegrías, terminan volviéndose en solo costumbres y envenenan el alma.

Aun cuando tenga la oportunidad
de poder estar con cualquier persona
en el mundo,
yo te seguiré prefiriendo a ti,
siempre a ti.

Algún día intentarás buscarme
donde me dejaste, y yo estaré
donde pude encontrarme.

AMOR DE REGRESOS

Las chicas están emocionadas tanto como yo, pues ya estamos llegando a la mitad de los relatos, les he pedido que me den una pequeña anécdota de alguna de sus relaciones pasadas donde todo haya sido "tóxico" llena de partidas, pero también de muchos regresos.

Me ha convencido una chica de baja estatura, que me ha recordado a una de mis lindas amistades, tan simpática y sonriente, piel morena, cabello lacio, grandes ojos, de mejillas sonrojadas, ella me ha dejado con esperanzas de seguir escuchando grandes historias.

Así que ella será la próxima en continuar, y sin pensarlo le he preguntado su nombre y la sexta historia ha comenzado…

-Yo creo que tú eres la siguiente, sí tú, la pequeña señorita que estoy señalando, su avance me ha cautivado y es momento de continuar contigo, dime, ¿cuál es tu nombre?, ¿podrías empezar tu historia?

Ha pegado un grito acompañado de una risa de locura, estaba emocionada de comenzar:

-¡Sí!, ya estaba esperando mi turno, mi nombre es Jeanne, tengo 22 años y como ya lo habías dicho antes, yo quiero contarles sobre un amor lleno de regresos, todo comenzó hace 5 años…

JEANNE

La pequeña mujer valiente,
impregnada de tanta felicidad,
va por la vida siempre sonriente,
repartiendo sonrisas por la ciudad.

Responsable, creativa y dinámica,
idealista, exigente y perfeccionista,
su amistad es de las más valiosas,
siempre se preocupa por los demás.

Buscando paz y tranquilidad,
ella es amante de la naturaleza,
admira la belleza de los árboles
y le encantan tanto los animales.

Lucha siempre contra sus miedos,
aprendió a controlar a sus demonios,
pequeña persona llena de bondad,
con un corazón repleto de sinceridad.

Ella aún no olvida los regresos,
la lastimaron con momentos,
con el tiempo estará curada,
lista para volver a intentar amar.

Jeanne, seductora y romántica,
con sus ojos en las estrellas y sus pies sobre la tierra.
Fría al momento de mostrar sus sentimientos,
pero ella arde más que el infierno cuando llega a enamorarse.

-Hacía mucho que no tenía en mi vida a una persona en especial, yo mantenía en ese tiempo a valiosas amistades, pasar momentos inolvidables con ellos, yo solía ir a casa de un amigo a visitarlo y en una de tantas conocí a un chico que también era su amigo.

-No le tomé mucha importancia, pero al regresar a casa mi amigo le pidió que me encaminara, al principio parecía que se negaba, pero supongo que su caballerosidad hizo que accediera a hacerlo, fue un recorrido lleno de silencio, no entablamos ninguna charla.

-Después de dejarme y despedirse ya no lo volví a ver durante un largo tiempo, sin embargo, como si hubiera sido obra del destino volvimos a cruzar miradas, esta vez en el colegio, pasó a mi lado, pero al parecer no me había visto, iba con su teléfono tan distraído.

-Yo quería saber más de él, en qué año iba, cuántos años tenía, cuál era su deporte favorito, su comida que más le gustaba, me nació ese interés de mi parte y decidí buscarlo, tenía mucho tiempo que no lo veía, me fue difícil dar con él.

-Al final logré encontrarlo nuevamente e intenté acercarme un poco y tratar de conocerlo, estaba nerviosa, pero eso no evitó que esta vez sí entabláramos una conversación, yo comencé con un saludo y haciendo preguntas, "hola, ¿aún me recuerdas?, hace tiempo nos conocimos en casa de mi amigo".

OLVIDARTE

Casi siempre lo intento,
busco tantas maneras de olvidarte,
pero tu fantasma aún me persigue,
me susurra al oído tu recuerdo
y me tortura cada noche con tu olvido.

Casi siempre lo intento,
pero de mi mente no logro borrarte.
Y yo sigo aquí...

Sin sentirte,
sin besarte,
sin tenerte.

Sin ti.

-"Sí, claro que me acuerdo de ti, no sabía que estábamos en el mismo colegio, ¿cuál es tu salón de clases?", respondió, y entonces comenzamos a charlar haciéndonos diversas preguntas mientras nos regalábamos sonrisas.

-Lo comencé a tratar como un amigo, él me alegraba las mañanas con dulces y pequeños detalles, encaminarme a mi casa se hacía más seguido, hasta llegar al punto en que nos perdíamos entre los árboles, las calles y la naturaleza.

-Tardes especiales llenas de mucha magia, donde comenzaba a desnudarme el alma con cada una de sus palabras, con su adictiva mirada y sus apasionados abrazos, abrigada me sentía a su lado, feliz de estar entre sus brazos.

-Llego el día en que acepté formar parte de su vida, en una salida mientras comíamos un helado, él me miró a los ojos y me pidió que fuese su novia, aunque debo confesar que al principio estaba algo confundida, quedé en silencio un par de minutos.

-Recuerdo que pasaron muchas cosas por mi cabeza luego de su pregunta, sin embargo, yo decidí arriesgarme a vivirlo y acepté, cuando le di el "sí" él me dio un abrazo y me besó, fue uno de esos besos que deseas que duren toda una eternidad.

-Ya éramos novios, pero no pasó mucho tiempo antes de recibir una dura notica, tenía que ser operada por cuestiones de salud, y entre tanto pensarlo también decidí alejarme de él por un tiempo, sin decirle mucho, simplemente me fui.

SALDRÁS ADELANTE

Sin importar las guerras que hayas pasado,
estoy seguro que la calma pronto llegará,
porque eres luz entre tanta oscuridad,
nunca te apagarás
y ese brillo jamás se acabará.

-Las noches transcurrían y en cada luna su mensaje de un "te extraño" no faltaba, el destino volvió a jugar a mi favor, porque cuando menos lo esperaba regresé a sus brazos y poco a poco se volvió nuevamente parte de mis días, de mis sueños, de mi alma y de visualizarlo siempre en mi futuro.

-Todo parecía perfecto, pero todo es temporal, como en toda relación los malos momentos comenzaron a llegar, las peleas y discusiones se hacían con mayor frecuencia, hasta que fue él quien decidió irse.

-Quise tomarlo con tranquilidad, sin pensarlo mucho o sufrir por él, porque presentía que algún día volvería, que me llamaría o me mandaría un mensaje con un "te extraño" y que volviéramos a estar juntos, y sí, sucedió, pero no como yo pensaba...

-Ya sin ningún compromiso volví a verlo, con la esperanza de poder recuperarlo, una tarde con la frente agachada me dijo que había aceptado a alguien más en su vida, pero eso no fue motivo para alejarme, seguía con aquellas ganas de volver a enamorarlo.

-Seguía viéndolo, seguíamos haciendo el amor, al menos para mí aún era amor, porque quizá él solamente me utilizaba para pasar el rato, o tal vez todo se había vuelto costumbre y aún no podía alejarse por completo.

-Estaba viviendo un amor de regresos, de aquellos donde no puedes despedirte por completo, incluso sabiendo que ya tiene a alguien más en su vida, yo seguía insistiendo, tratando de hacerle sentir todo ese amor que alguna vez tuvo por mí.

LA ÚLTIMA MIRADA

No sabía que esa noche se marcharía,
que sus ojitos se despedían
con una última mirada,
y si tan solo pudiera regresar el tiempo,
la abrazaría más fuerte,
para nunca soltarla.

-Aunque eso no volvería a pasar, no tienen idea de lo que se siente no poder tener a la persona que más amas en la vida, que solo por ratos era posible tenerlo entre mis brazos, sabiendo que más tarde estaría con alguien más, y yo no podía hacer nada para evitarlo.

-No recuerdo cuántas veces regresó a mí, no recuerdo cuántas veces intenté recuperarlo, cuántas veces le lloré suplicándole que volviera a mi lado, que estuviera solo conmigo. Con el tiempo fui entendiendo que no estaba sola, que me tenía a mí, que no era necesario estar mendigando amor y tratar de recuperar lo que ya había perdido hace mucho, fue así que me armé de valor y decidí dejarlo en paz, alejarme por mi propia cuenta.

-Lo he buscado en muchos cuerpos, en muchas almas y aún no logro encontrarlo, aún escucho su voz, aún siento sus abrazos, aún recuerdo los momentos, aún lo echo de menos, porque, a decir verdad, su partida, jamás significó alguna despedida.

"Trato de reemplazarte con otros cuerpos,
pero mi corazón sigue buscando el calor de tu alma".

Jeanne ha terminado su historia, casi con la voz cortada, puedo verlo en sus ojos, sentirlo en su mirada brillosa por las lágrimas que está conteniendo, ella quizá hasta la fecha sigue con la espera de un último regreso, aunque antes de que eso suceda, debo darle un consejo, que estoy seguro le servirá de mucho.

-Pequeña Jeanne, primero que nada, debo agradecerte por tan linda historia, aunque debo decirte que observo en ti una esperanza de un último regreso, yo quiero que sepas que, si eso sucede, todo volverá a lo mismo, pues las personas ya no regresan siendo las mismas que cuando se fueron.

-No sigas esperando un regreso que sabes que no ayudaría en nada a tu vida, sigue, así como vas, estoy seguro que con todo ese amor propio que llevas sabrás superarlo, lo sé, han pasado años, y no estoy diciendo que vas a olvidarlo por completo, simplemente dejarás todo a un lado, para seguir con tu camino.

-Ten paciencia, no es que esté tardando demasiado, simplemente el destino está aguardando para que llegue el momento preciso y que toda la felicidad que mereces pueda caer en ti, sigue con la sonrisa intacta, así, como si ya nada doliera.

Jeanne me agradece las palabras de consuelo y nos da una última frase que me ha tranquilizado: "Soy feliz, a pesar de estar así, confío en que pronto volveré a amar". Es ahí donde las chicas y yo nos ponemos de píe, le aplaudimos al saber que ella sigue adelante, sin rendirse y sin darse por vencida.

CAPÍTULO VII

JULIO:
MES DEL AMOR DE MOMENTOS

JULIO

El séptimo mes del año, y ojalá que los malos momentos se vayan para siempre, que lleguen las nuevas oportunidades, porque aún queda tiempo para seguir aprendiendo, para seguir con nuestros sueños, para amarnos, rehacernos y de disfrutar del resto del año.

El mes donde celebramos la libertad de muchas patrias, un par de semanas pasan y el mundo entero celebra la creación de uno de los mejores géneros en la historia de la música, el rock, y al finalizar damos gracias a esos amigos por su infinita y valiosa amistad.

Julio, en el norte ya comienzan los días cálidos, tardes de fiesta, convivencia y mañanas de resaca, mientras que en el sur, le dan la bienvenida a los fríos, tardes de lluvia acompañados de un café con películas, y momentos que quedan siempre en la mente grabados.

Julio, mes de momentos, 90 segundos pueden cambiar la vida por completo de cualquier persona, un instante es capaz de quedarse por siempre en nuestros recuerdos, valiosos momentos de nuestras vidas que deseamos volver a repetir, volver a sentir aquella intensidad, esa emoción, causada por un pequeño lapso de tiempo.

Aunque la vida duela por momentos,
nunca te rindas, olvida el pasado
y lucha por un buen futuro.

Cenas románticas por las noches y
un café por las mañanas…

¿Aceptas?

Qué bonito sería verte,
aunque solo sean 5 minutos,
o una eternidad.

AMOR DE MOMENTOS

Estoy tan pensativo ahora, me he cuestionado lo importante que es el tiempo y lo mucho que un simple momento puede marcarnos, cada instante debe ser aprovechado al máximo, también me pregunto: ¿qué viene después de la muerte?, o si, ¿alguna vez podríamos regresar al pasado?

Lograr revivir nuevamente todo aquello que nos hizo feliz, todos esos momentos que quedaron grabados en nuestra memoria, y estoy seguro que detrás de todas estas preguntas existe una historia entre alguna de las chicas.

Al comentarles sobre la ideología que tengo acerca del tiempo y los momentos, una de ellas me ha levantado la mano, mujer de un largo cabello negro, piel morena, labios gruesos y ojos brillosos, ella me dice que tiene una historia grandiosa, digna de representar el tema, así que comienza con presentarse.

-Hola a todos, mi nombre es Juliet, tengo 29 años, y voy a contarles la historia sobre un pasado que me fue difícil superar, sobre todo porque fue una relación de largos años y donde lo di todo para que marchara bien, para que nunca acabara, pero a veces darlo todo no siempre es suficiente...

JULIET

La mujer del cielo, fuerte desde la raíz,
va por las calles con la mirada perdida,
su pelo combina con su vestido de seda,
sus manos permiten que los sueños sucedan.

Complaciente, emotiva y perceptiva,
le encanta sentirse deseada,
adora la libertad y el pensamiento,
en el amor siempre busca ser valorada.

Ella lleva el encanto en su mirada,
el magnetismo en sus abrazos,
la generosidad en sus acciones
y la adicción en sus besos.

Posee una dulzura de miel en su voz,
ella siempre llega antes de tiempo,
siempre protege todo lo que ama
y lucha cada día por ser mejor.

Juliet vive de cada instante,
disfruta los buenos momentos,
aprovecha al máximo los segundos y
no se deja vencer por los malos recuerdos.

Ya aprendió a controlar sus impulsos,
ya sabe vivir en este mundo de mentiras.
Juliet nunca guarda rencores, pese a tantas decepciones,
ella siempre perdona a quien la lastimó con sus acciones.

-Recuerdo el día en que lo conocí, en esos tiempos donde las redes sociales comenzaban, donde la tecnología avanzaba y nos hacía descubrir y conocer a nuevas personas, así fue como llegamos a coincidir, una noche cuando él me mandó un mensaje.

-Un "¡Hola!" llegó a mi bandeja, nunca se sabe cuándo un simple saludo puede llegar a construir toda una historia, yo respondí su mensaje, no sabía mucho de él, solo que vivía en la misma ciudad, pero me gustaba socializar, de eso se trataba el chat.

-Las charlas se volvieron intensas, hasta que un día decidimos conocernos, la ciudad era pequeña, pero yo no lo había visto antes, fue algo especial ver que en la primera cita no tuvimos problema con encontrarnos, lo reconocí al instante, y así comenzaba todo...

-Me invitó una bebida, charlamos, comenzamos a conocernos y después de eso fuimos a sentarnos a los bancos de una tienda, justo en el centro de la ciudad, comimos botana y dulces, ¡quién diría que ese pequeño rincón se convertiría en un lugar especial!

-Un lugar donde quedarían grabados muchos momentos de amor y locura junto a él, en ese lugar me pidió que fuese su novia, sin dudarlo acepté, verlo en cada tarde me alegraba el alma, deseaba que esos instantes fueran eternos.

SI ME DIERAN A ELEGIR

Yo prefiero mil veces
el desastre en tu cosmos,
que cualquier otra galaxia
en perfecta calma.

-Llegando a casa las charlas por las redes sociales volvían, era una linda sensación el saber que estaba conmigo a todas horas, a cada instante, en todo momento, juntos nos enamoramos, el uno al otro, juntos comenzamos a escribir una historia que parecía eterna.

-Sentía algo diferente que jamás había sentido por alguien más, recuerdo su mirada de antes, cada día se veía más enamorado de mí o al menos era lo que mostraba, hasta ahora no he podido comprender qué fue lo que realmente pasó con él, con lo nuestro.

-Pasaron los meses, un par de años quizá, y comencé a notarlo diferente, como si su amor hacia mí se fuera al olvido, su sonrisa había desaparecido, sus lindas palabras ya no estaban, su cariño ya no existía, y los mensajes cada vez eran menos.

-Ya no quería verme todas las tardes, desaparecía por unos días, y luego regresaba, lo notaba molesto, inseguro cuando estaba a mi lado, pensativo y cuando le preguntaba qué le sucedía, solo me ignoraba, se molestaba y se marchaba.

-Bien dicen que el amor a veces no es eterno o no es verdadero, tal vez solo fue un sentimiento que tenía fecha de caducidad, y yo había caído en la trampa de los buenos momentos, almacenando cada instante muy dentro del corazón siendo difíciles de olvidar.

MI MUSA

Intento crear poesía con otras almas en la cama,
nunca he logrado completar un solo verso,
mis rimas se acostumbraron a tu cuerpo.

Mis letras se quedaron en tu piel,
la magia estaba en tus besos.

Serás siempre la musa de mi poesía,
la fuente de mi inspiración.

-Con el tiempo su mirada había cambiado, me miraba con ojos de odio, con desprecio, cada día ya era solo un fracaso, y yo quería hacerle saber que me hacía tanta falta desde ya hace mucho tiempo, pero por más que lo intentaba ya no podía recuperarlo.

-Él me decía que se había cansado de los cuentos, de todo lo que le decían, cada vez se alejaba más, se había cansado de mi manera de actuar, de las esperanzas que guardaba por esperar el regreso de su amor, se cansó de los falsos entendidos, se había cansado de mí.

-Jamás comprendió que la confianza es la base de una relación, por las mañanas estábamos distantes, sí, pero el resto del día me entregaba a él, no quería entender que aun estando en una relación, somos libres y también merecemos tener amistades.

-Lo amaba tanto que al principio yo no comprendía que él estaba equivocado, llegué a cuestionar mis acciones, a hacerme toda clase de preguntas como, ¿por qué no valgo la pena?, ¿por qué no puedo hacerlo feliz como antes?, ¿cuándo llegará el momento de paz?...

-Sufría sin hacérselo saber, no quería que supiera, de lo contrario tenía miedo a que solo se fuera para siempre, buscando el pretexto de que merecía a alguien mejor, sin saber que lo único que quería era estar con él, en esos mismos sitios donde fuimos felices.

UNA NOCHE DE ROCK

Quizá te escriba poesía
mientras escucho mi favorita melodía,
puede que te piense
al escuchar el solo de la guitarra,
o que te extrañe
cuando intente corear al cantar la letra.

Todos de negro y yo con camisa y saco,
es que aquí no hay clases ni preferencias,
aquí todos somos hermanos,
todos bailamos al ritmo de un slam,
incluso imagino tu fantasma a mi lado,
sacudiendo el cabello y sonriendo…

Aquí estoy,
entre el tabaco y el alcohol,
pensándote,
cantándote,
en una noche de rock.

-Me había quedado solo con el recuerdo de lo que era, sonreía al acordarme de sus abrazos, de todos sus hermosos "te amo", me había quedado extrañando los bellos momentos que pasamos al inicio de nuestra relación, me había quedado atrapada en instantes.

-Tantas tardes de lágrimas donde ya no estaba conmigo, hasta que mi conciencia me hizo una pregunta, ¿en verdad sigues siendo importante para él?, y ese mismo cuestionamiento lo llevaba cada mañana que me despertaba.

-Hasta uno de tantos amaneceres lo comprendí, extrañaba a una persona que ya no existía, ahora estaba con alguien que no me quería y solo se había aferrado a decir que era de su propiedad, me cansé de seguir así, me cansé de vivir de momentos del ayer.

-Tantos recuerdos nos afectan, debemos dejar ir el pasado para vivir el presente, merecía un cambio, necesitaba mi vida de vuelta, ya todo era historia, ya nada volvería, así que me alejé, luché contra sus mensajes, contra sus súplicas y sus falsas lágrimas…

-Lo dejé para que se quedara con su ignorancia y su egoísmo y yo me propuse ser feliz, sola, siendo paciente y recordando siempre que cada instante es valioso, pero vivir y depender de ellos puede llegar a lastimarte de una manera muy cruel, de la que no es fácil salir, pero sin duda, sí es posible volver a reconstruirse.

"La vida es momento,
las personas son instantes,
el pasado te ha enseñado y
el futuro te está esperando".

Juliet se acomoda el fleco, nos regala una sonrisa y se seca las lágrimas con un pañuelo, sin duda ha sido una de las historias más conmovedoras, de mi parte porque me he identificado con ella, y en todo lo que nos ha dicho.

Admiro toda la valentía que demostró al salir de donde ya no era correspondida, donde ya no tenía nada más que hacer, solo dejar libre a la persona que ya no la quería, que le estaba destrozando el alma con sus acciones, sus palabras y sus malos tratos.

Tan pronto termina, me armo de valor para compartir con las chicas un pequeño relato de mi propia historia de momentos:

-Juliet, me has dejado cautivado con tu historia, y más porque ahora recuerdo que también pasé por una relación así, donde al principio todo es bello y al final todo se acaba, porque te quedas atrapado en esos segundos donde fuiste feliz y tienes la esperanza de que vuelva, pero bueno, volver al pasado aún no es posible...

Termino con una pequeña carcajada y las chicas comienzan a murmurar, hasta que la sala se convierte en un debate por ver quién de todos tiene el mejor momento guardado de su pasado, todas van tan rápido que no he podido plasmar alguno, pero sin duda, la historia de Juliet es la más indicada de la palabra "instante".

CAPÍTULO VIII

AGOSTO:
MES DEL AMOR DE VERANO

AGOSTO

El octavo mes del año, el verano llega a su final, dejando atrás muchos instantes que guardaremos como preciados recuerdos, un amor perdido que se quedará esperando hasta el próximo año, o quizá se convierta en una historia eterna.

Agosto, mes de paz y tranquilidad, para reflexionar y meditar todo aquello que falta por vivir, donde el frío comienza a llegar, donde los resultados que tanto esperabas comienzan a mostrarse y los propósitos ya rinden los frutos preciados.

El mes que es capaz de crear poesía, entonar las más brillantes melodías, el mes para aprender a comprender nuestro destino, nuestro propósito en este mundo, comienza con abrazarte, con abrigarte de ese cálido abrigo y termina con una sonrisa plasmada en el rostro, feliz de entender que todo lo que ha sucedido hasta ahora, es porque lo hemos construido con nuestro propio esfuerzo.

El libro comienza su etapa final, y una estrella fugaz se detiene en el comienzo de la última tercera parte, albergando miles de besos apasionados y miradas eternas que quedaron grabados en una última puesta de sol de verano.

Te puedo decir que tocarla es lo mejor,
pero ambos sabemos que desnudarle el alma
es llegar al paraíso en un instante,
aunque solo dure un verano o toda la eternidad.

Un amor de verano,
que también se quede en otoño,
que me abrigue en invierno
y que me florezca en primavera.

AMOR DE VERANO

Me encuentro en la mesa mirando a las chicas que no han relatado su historia, mientras en mi mente me llega un recuerdo y les he preguntado si alguna de ellas tuvo un "amor de verano", de aquellos que duran solo un instante o con mucha suerte pueden estar por toda la eternidad...

Sí, todas han tenido uno, pero la timidez de una me ha dado a entender que detrás de esa mirada inocente esconde una historia llena de romance, así que le he pedido que sea ella quien nos relate la siguiente aventura:

-Tú, mujer, ¿podrías presentarte con nosotros?

-Sí, me presento, mi nombre es Aine, tengo 27 años y lo que voy a contarles sucedió hace 5 veranos, en mi último año como universitaria, yo comencé la primavera realizando mi servicio en una escuela impartiendo clases de lectura.

-Recuerdo que tenía a una alumna especial, una pequeña de 6 años, era de las más activas y me agradaba, una tarde llegó por ella un chico que era compañero mío en la escuela, me saludó y desde ese día empezó a llegar a diario por su hermana, comenzamos a tener un gran lazo de amistad durante esa temporada.

-Quizá fueron las lindas tardes de charlas y risas lo que hizo que él se fuera enamorando de mí, aun sabiendo que yo no estaba en planes de vivir alguna relación, pero le guardaba ya un enorme aprecio, y sin duda fueron momentos inolvidables.

AINE

La mujer de fuego, hija del mar,
diosa del paraíso y la fertilidad,
destila poesía en sus mejillas,
ardiente reina de las hadas.

Sociable, seductora y cautelosa,
agradable y elegante desde la raíz,
ella siempre tiene la razón,
y posee un espíritu de conciliación.

Amante de lo desconocido,
siempre busca estar en libertad,
verla sonriente no es novedad,
ya encontró la paz para su felicidad.

Ella vive la vida en armonía,
no existe violencia a su alrededor,
baila con danza y melodías,
brilla en este mundo de dolor.

Es perfecta en todos los sentidos,
lleva en el alma inmensas aventuras,
marcadas por un amor de verano,
dejando un baúl de inmensos recuerdos.

Aine mantiene siempre firme la valentía,
jamás se dejó vencer por un instante de cobardía.
Ella es un amor de persona, lleva en la piel perfume de café,
ese aroma que vuelve locas a las neuronas de nuestra mente.

-Cada vez me encantaba más su mirada, su sonrisa y la forma en cómo me trataba, suplicando una oportunidad de estar a mi lado, al principio lo dudaba, porque terminando mis estudios yo iba a partir a otro país, y tenía miedo de enamorarme, de entregarme sabiendo que cuando el verano llegara a su fin, todo terminaría.

-Todo se trataba de un "sí", que llegaría tiempo después, cuando decidí arriesgarme y vivir el momento, vivir mi último amor de verano en esta ciudad, mi último sentimiento, porque sabía que en un futuro me arrepentiría de no haberlo intentado.

-Llegó el verano y con ello las fechas finales en la universidad, se acercaba la graduación, me quedaba viendo el calendario, que en ese tiempo era mi enemigo, me daba temor llegar al último día de agosto, cuando partiría lejos de aquí, no dejaba de pensar todo el amor que se quedaría atrapado en la distancia.

-Jamás me había enamorado con tanta intensidad, sabía que esos amores duran unos cuantos suspiros que se mezclan con el viento y se olvidan con el tiempo, ni siquiera pensaba en los amores pasados y mucho menos en los futuros, quería parar el tiempo y quedarme con él para toda la vida.

-Me preguntaba porqué este amor me estaba dejando sin deseos de conocer a alguien más, si en un principio le había dejado claro con mis propias palabras: "Esto es pasajero, no me quedaré, por ti, ni por nadie". No había un futuro, solo era un final a punto de llegar.

KILÓMETROS

Así te encuentres a cientos de kilómetros,
yo te seguiré llevando muy dentro del alma,
muy dentro del corazón...

La distancia no será rival
para nuestro amor.

-La graduación fue una de las noches que nunca olvidaré, cuando bailé junto a él y sentí el calor de su alma, quería tenerlo así muchos días, pero la sorpresa llegó a la mañana siguiente, cuando los planes de la mudanza llegaron antes de lo esperado, tenía que dar una despedida, la más dolorosa de mi vida, así que lo cité en casa y cuando él llegó, le dije que era momento de hablar de lo nuestro.

-Comencé diciéndole: "Tenemos que hablar, sé que te dije cosas que no tenías que escuchar durante este tiempo, pero como todo, me dejé llevar por lo que me hiciste sentir, eres una buena persona, un chico brillante y amoroso que me ha dejado este verano, pero quiero que sepas que me tengo que ir, tengo otros planes, lejos de aquí...

-Esta mañana hablaron de la mudanza y debo irme antes de lo esperado, pensé que iba a tardar en hacerlo, pero no y decidí que debemos terminar, sabes que esto me duele, pero prefiero que sea así, no quiero que seamos de esas parejas que se aman en la distancia, que se hacen promesas tontas, que discuten por falta de confianza y al final terminan mal. Sabes muy bien que yo no soy así, y te quiero como no te imaginas, pero debo irme; sé que vas a estar bien, que conocerás a más chicas".

-Yo tenía la mirada perdida e intentaba comprender cómo es que le podía decir todo eso, si lo único que quería era seguir con él, me veía tan decidida, y su mirada dulce había cambiado por una que no reconocía, como si hubiera roto el brillo de sus ojos y cuando dejé de hablar, él solo dijo:

PRESO O LIBRE

Te pediría que te quedes,
tan solo un instante,
que me siguieras mintiendo,
tan bien como lo haces,
pero ya te vas
y duele,
aunque algo dentro de mí,
me dice que no te detenga,
que te deje ir,
porque sin ti,
comienzo a sentir la libertad
que tanto extrañaba.

Quédate, seguiré preso en ti,
o vete y déjame ser libre.

-"Te entiendo, sabía que esto llegaría, yo voy a estar bien y qué felicidad me da al saber que comienzas una nueva vida, tal y como lo soñabas hace 6 meses cuando te conocí, al fin llegará la gran aventura, como tanto lo deseabas y eso es estupendo".

-Después de eso me dio un abrazo y comenzamos a recordar lo que habíamos pasado durante todo el verano, aunque eso no evitaba que yo tuviera un nudo en la garganta, cuando llegó la hora de irse se despidió de mí con un beso en la frente y me dijo: "No vayas a olvidarme, recuerda que siempre voy a estar para ti, cuídate mucho y que nadie te rompa el corazón"… yo solo le respondí: "ya te dije que voy a estar bien, ¡te quiero tonto!" y cerré la puerta…

-Fue lo único que pude decir, subí corriendo los escalones y me encerré en mi habitación, que antes de la despidida era pequeña, pero en esos momentos se volvió tan grande como un estadio de béisbol, mis lágrimas salieron como si fuese una niña pequeña llorando por un raspón, no podía creer que todo había acabado.

-Que todo solo había durado unos cuantos días y me dejó una gran herida, él me había roto el corazón o quizá yo misma me lo rompí al intentar algo cuando sabía que al final me marcharía, al menos tenía la esperanza de que él me detuviera y el hecho de que ni siquiera lo intentó me hizo sentir miserable.

NUNCA MÁS

Aún me dueles,
pero ahora es diferente,
mi orgullo le ha ganado
a tu indiferencia...

(Por primera vez)

Ya nunca más volveré a buscarte.

-Había llegado el día de partir, ya no había fechas para tachar en el calendario, subí las cosas al auto, me despedí de mis amigos, le mandé un último mensaje que jamás contestó y emprendí el viaje.

En el camino su rostro se asomó en mis pensamientos, comprendí que estaba mal por un amor de verano, que no tuvo un final como todos los demás, que me seguía doliendo y mi rostro no tenía espacio para una sonrisa.

-Pero, aun así, me sentía dichosa por haber tenido a mi lado a un chico como él, que me sorprendió cada día, que tuvo todo lo que necesitaba y con solo su mirada me enamoró, sus locuras me llenaron el alma, sus besos eran mágicos y estar a su lado me hacía sentir completa, le agradezco tanto ese verano, aunque sé que no terminó como yo esperaba, pero lo viví, me permitió desnudarle el alma, calmar sus miedos y me regaló parte de su tiempo.

"Amor de verano,
quiero que sepas que, aunque lleguen otros,
tú serás el mejor que tendré para recordar,
y sé que yo moriré en tu olvido,
aunque digas que seré por siempre tu amiga".

Aine da un último suspiro y termina su historia, vuelve a sentarse y me regala una mirada llena de melancolía, esta historia me ha encantado, sobre todo porque trae memorias de aquellos amores de verano que tuve en el pasado, antes de continuar con mi opinión, le hago una última pregunta…

-Aine, tu historia me ha fascinado, y quisiera hacerte una pregunta, ¿qué fue lo último que a él le dijiste en tus pensamientos?... Ella respondió:

-"A ti te falta conocer a alguien que te haga sentir todo lo que yo sentí por ti, y deseo que alguien más sí quiera arriesgar su futuro para estar contigo todos los veranos que sean necesarios, mientras yo me voy a recuperar de nuestra ruptura, e inventaré un cuento en donde tengamos un final juntos...

-Seré esa bohemia que tiene el corazón roto, por un amor de verano que jamás olvidará, tengo la idea de que algún día nos reuniremos, nos contaremos lo que nos ha pasado y, estoy segura de que no me dolerá verlo en ese entonces a los ojos".

La cordura que muestra Aine en ese último mensaje me da una sensación de valentía, de coraje y superación, que en su momento dolió de una manera muy intensa, pero en el fondo ella logró recuperarse de esa ruptura y volvió a sonreír. Le agradezco su relato mientras le doy mi última opinión:

-Mi querida Aine, tu historia ha sido de las más sorprendentes hasta ahora, quiero decirte que el amor de verano es como una película de amor que quieres que jamás termine, debes tener claro que es ficción y que no dura para siempre. Te aferraste a la idea de que él te detendría y se lanzaría contigo, arriesgando todo, solo por lo que sentía, pero no fue así, estabas equivocada, alucinando, y te lanzaste sin paracaídas.

CAPÍTULO IX

SEPTIEMBRE:
MES DEL AMOR DE LOCURA

SEPTIEMBRE

El noveno mes del año, el inicio se queda atrás y el final está por llegar, rodearse de personas que te alienten a ser cada día mejor es la clave para soportar los malos momentos, seres que te quieran de verdad y te lo demuestren con acciones.

Septiembre, el verano se despide y el rojizo del otoño se comienza a mostrar, las lluvias llegan acompañadas de vientos fuertes y las hojas comienzan a caer, frescas tardes adornan el cielo, mostrando un mejor futuro que debemos alcanzar.

El mes de independencia y paz, la libertad es derecho de todos, que los miedos no sean obstáculos para ser feliz con cada una de nuestras ideas, pensamientos y todo lo que llevamos dentro, desprende las alas y vuela hacia un mejor destino.

Septiembre, los girasoles florecen y los pastizales crecen, el libro deja la plenitud, llegando al otoño de sus líneas, debes enamorarte de sus raíces, no de sus flores, es aquí donde desnuda sus páginas y la historia comienza a tener sentido, el significado de los doce amores está por descubrirse.

Arráncame los miedos,
destrózame con tus abrazos
y lléname el alma de tus cuidados.

El amor puede declararse
de varias formas,
su mirada fue una de ellas.

El rojizo del otoño me recuerda
a la hermosa curva de tus labios.

AMOR DE LOCURA

Hasta ahora se han relatado ocho historias, cada una causa mucha emoción, mucho sentimiento, tristezas y alegría, traen a mi memoria muchos recuerdos de mi pasado, esta vez me gustaría escuchar algo todavía más intenso.

Les he preguntado a las chicas si alguna de ellas tiene una historia de locura, de esas cargadas de adrenalina, atrevimiento y pasión, ese amor que parece ser inolvidable, por todos los intensos momentos vividos en cada segundo.

Una mujer de pelo rubio y lacio me ha levantado la mano, sus ojos son color miel, color de atardecer, como las hojas de otoño, así de preciada es su mirada, su piel canela me recuerda al cielo en una puesta de sol, cuando el anochecer comienza a nacer y se desnuda para mostrar la belleza del universo.

Ansioso la saludo y pregunto...

-¡Bella dama!, usted que ha levantado la mano, ¿podría comenzar a relatarnos su historia?

Ella responde:

-Voy a empezar con presentarme, mi nombre es Emma, tengo 41 años, y voy a relatar una historia que sucedió 20 años atrás, ya ha pasado mucho tiempo, pero jamás olvidaré todas las locuras que realicé en esa época, la mejor aventura de mi vida...

EMMA

Grandeza en su sangre,
bella y resplandeciente,
mujer con gran fortaleza,
lleva mirada de valiente.

Loca, seductora y atrevida,
ya sabe escapar del peligro,
percibe a personas especiales
y le encanta vivir en confianza.

Es paciente con el amor,
espera el momento adecuado,
no le importa quedarse sola,
ella confía en el destino.

Asciende hasta las alturas,
nunca se da por vencida,
busca siempre resaltar en todo
y jamás piensa en la derrota.

Emma vive de intensas locuras,
instantes, momentos y aventuras,
es bendita entre estas cuatro palabras,
siempre disfruta vivir cada una de ellas.

Emma busca la realidad y explicación en las cosas,
con enseñanzas la chica aprendió a no ser manipulada.
Entre vicios conoció a un amor de locura,
entre tragos de tequila logró curar sus heridas.

-Todo comenzó en un otoño, las fiestas y salidas estaban de moda, así que aprovechaba todo el tiempo libre para salir a divertirme, tenía toda la autorización por parte de mis padres, pero eso no evitaba que tuviera algunas reglas en casa.

-Llegar temprano y avisar antes a dónde y con quién salía, las primeras veces yo me la pasaba acompañada de un chico que era mi novio, pero una de tantas noches de fiesta lo descubrí besándose con otra chica, fue una ruptura inmediata.

-Peor fue descubrir que a él no le había importado que nuestra relación llegara a su fin, no pasó mucho para verlo junto a esa chica, es ahí cuando comencé a ver la vida de una forma diferente, las discotecas se habían convertido en bares, en alcohol, en vicios.

-Trataba de olvidar esa traición, sin entender que el destino lo había estado planeando todo, para que yo pudiera vivir una de las experiencias más alocadas e intensas de mi vida...

-Una noche de mucha lluvia estaba en mi habitación y sin permiso de salir, mis padres se habían enterado de la depresión que tenía y comenzaron a llevarme a un psicólogo, me repetían que el alcohol no era la salida para los problemas.

-Estaba tan llena de tristezas que necesitaba beber un poco y olvidarme de todo lo que llevaba dentro, así que me puse una chaqueta, me amarré las botas para salir por la ventana y escapar de casa, corriendo entre la lluvia hasta llegar al bar.

¿CUÁNTAS VECES TE HAN ROTO?

Tengo preparados
millones de besos
para cada una de tus heridas…

Yo prometo curarte
y unir cada una de tus partes.

-Al entrar busqué mi banco favorito, cerca de la barra donde estaba el cantinero, era muy atractivo y todas las noches intentaba platicar conmigo, yo siempre era cortante, pero esa noche fue diferente, bebí un par de copas y la charla comenzó, incluso me invitó un par más de bebidas, ya se imaginarán lo mareada que estaba.

-El chico de la barra me dijo que debía de esperar un poco a que se me pasara el efecto del alcohol, que no podía irme así o salir a la calle en ese estado, él se ofreció a llevarme a casa en cuanto terminara su turno.

-Esperé un par de horas hasta que me dijo "he terminado, ya puedo llevarte", así que salimos y nos subimos a su auto, le di la dirección de donde vivía, pero unas calles antes de llegar le pedí que se desviara, que fuéramos a un lugar lejos y charlar un poco más.

-Quizá era el alcohol, o la adrenalina que aún tenía de haber escapado de casa, no quería que terminara de esa forma, quería vivir una aventura, una primera locura, así que fuimos muy lejos, salimos de la carretera y llegamos al mirador de la ciudad.

-La charla se convirtió en besos, sus manos comenzaron a recorrer mi cintura, el calor era intenso y la ropa se desprendía de nuestros cuerpos, me besaba el cuello, mordía mis orejas, mientras yo arañaba su espalda, estábamos llenos de adrenalina y placer.

MI HOGAR INFINITO

Mi color favorito siempre
será el café de tus ojos.

Mi curva preferida,
la de tu sonrisa retorcida.

Y mi rincón bendito,
siempre estará entre tus brazos...

Mi hogar infinito.

-Sentía cómo su alma se fusionaba con la mía, mis gemidos eran cada vez más intensos, pude tocar el cielo y el infierno en una misma noche, ahí junto a su cuerpo, encendiendo esa chispa de locura que necesitaba para olvidarme de todo lo que me lastimaba.

-Ha sido el mejor sexo que he tenido en la vida, tan llena de placer, de energía y conexión, desearía revivir ese momento una y mil veces más...

-Cuando terminamos me llevó a casa, en los cristales todavía se veía el calor que había salido de los poros de nuestros cuerpos, se detuvo antes de llegar a la puerta, bajé del carro y me dio un último beso, reí como una loca al dirigirme hacia la ventana mientras él me gritaba, "oye, ¿cuál es tu nombre?", Me llamo Emma, respondí, después entré a mi cuarto y me fui a dormir tranquilamente.

-No pasó mucho para que mi madre llegara a despertarme, el sol ya había salido y me sentía fatal, la resaca era muy dura, pero ni el peor síntoma me quitaría lo vivido aquella madrugada, tuve que fingir que no tenía nada y pasar el día normalmente.

-Cada noche que podía me escapaba para ir en busca de aquel chico en el bar, esperarlo hasta su salida para realizar una locura más, no había rincón que fuera malo para entregarnos apasionadamente y seguir como si nada, no teníamos algún compromiso.

INSOMNIO

Dejé de soñarte,
mi mente estaba por olvidarte,
pero el corazón moría
por volver a verte,
ha causado los más bellos
insomnios desde entonces,
con los ojos abiertos,
me encanta imaginarte.

Mi insomnio favorito lleva tu nombre.

-Me hubiera encantado seguir con el juego de ser suya sin sentir algún sentimiento, pero con el tiempo el placer se había convertido en amor, las escapadas de locura ya eran deseos de estar a su lado, de saber más de él, de su vida y sus rutinas.

-Mi corazón ya no quería seguir con las aventuras y una noche me armé de valor para decirle lo que me estaba sucediendo, que todo ya era distinto, que mi piel no solo deseaba sentir la suya, también quería sentir el calor de su alma y ser correspondida.

-Pero su respuesta no fue la que esperaba, yo creía que después de todas las locuras vividas en esas semanas habrían causado en él sentimientos, amor posiblemente, pero no, solo me dijo palabras que no he podido aceptar, "-Eres un amor de locura para mí, y solo eso, de noche somos placer, pero de día tengo otra vida"

-Otra vida que debía aceptar, comprender que no existía un futuro entre nosotros, solo era un juego que juntos habíamos permitido, me dolía, pero sabía que en el fondo iba a superarlo, dejé de buscarlo, me enfoqué en mi vida, en ser feliz, dejando atrás todo lo que sentía, ese amor provocado por fantasías y atrevidas locuras.

*"El dolor sí tiene cura,
podrás borrar de tu mente las traiciones
y tan solo necesitas una dosis de locura".*

Emma termina con la frente en alto, sin bajar la mirada, pero sus lágrimas de nostalgia no pueden ocultarla, siempre he dicho que debemos aprovechar cada oportunidad que la vida nos ofrece, arriesgarse a vivir lo imposible, lo que sabemos que dolerá.

Porque es mejor tener el corazón en pedazos y con recuerdos que son irremplazables, a tener dudas y preguntas de lo que pudo haber sido, sin duda, Emma había creado una historia que pocas personas se atreven a experimentar, un amor de locura.

Tan pronto termina, me toca a mí darle una opinión:

-Señorita Emma, su relato me ha despertado más la curiosidad, tantas historias de locura que existen en este mundo, pero la suya es la indicada para representarlas, en mi mente ha llegado uno de tantos recuerdos.

-Yo también viví un amor así, en mi juventud, con una chica que había conocido en una fiesta de adolescentes, puedo describirles todo lo que hicimos esa noche, pero te lo resumo en una palabra "locura", afortunadamente fue pasajero y no llegué a enamorarme.

Las chicas dan un resumen sobre su propio amor de locura, en este mundo tan nefasto, es bueno recordar las etapas en que fuimos felices, sintiendo la adrenalina y el atrevimiento de hacer todo lo que siempre deseamos, cumplir las fantasías y sin arrepentirse.

CAPÍTULO X

OCTUBRE:
MES DEL AMOR A PRIMERA VISTA

OCTUBRE

El décimo mes del año, porque bonito es pasar un instante más con la persona que mueve nuestro mundo, aquella que nos inspira a ser cada día mejor, que nos alienta y nos levanta de los malos ratos, personas especiales que vivirán siempre en nuestro corazón.

Octubre, el mes protegido por ángeles de la guarda, donde damos gracias al mundo por no ser los únicos, por tener miles de especies y seres de una gran belleza y lealtad, a pesar de ser nosotros mismos los causantes de su pronta desaparición.

Octubre, vamos a luchar contra la pobreza, alcemos las manos a los más necesitados, unidos contra el hambre, aportemos un poco de lo nuestro y apoyemos al prójimo, no existen las clases sociales, todos somos imperfectamente humanos.

Ahora más que nunca es el momento de vivir cada segundo, de abrazar a nuestros padres, a nuestros hermanos, a toda la familia, porque el tiempo es nuestro peor enemigo, y quizá mañana sea demasiado tarde para demostrar todo el amor que llevas dentro.

Todo se va por una razón,
no vivas del recuerdo,
vive con la esperanza de
encontrar algo mejor.

Todavía te extraño,
pero prometo olvidarte mañana,
o quizá en 100 años.

AMOR A PRIMERA VISTA

Ahora que lo he estado pensando, recordé que hacía falta un amor de esos que muchos consideran "falsos" o que simplemente no existen por la forma en cómo se dan o se sienten, pero de mi parte puedo decirles que alguna vez lo sentí, y sé que es real.

Así que les pregunto a las dos chicas que faltan, si alguna de ellas ha vivido un amor a primera vista, de esos que nacen cuando dos miradas se interceptan, esa sensación de cosquilleo que llega de pronto y sin avisar, en un simple instante.

Una me sonríe y me levanta la mano, "¡yo sí!", exclama, una joven de pelo rojizo, con unos labios de infarto y una mirada que podría resumir como un misterio, sus pupilas me gritaban un recuerdo que merecía la pena escuchar...

Tan pronto le doy la palabra ella comienza con presentarse:

-Hola a todos, mi nombre es Leyla, tengo 25 años, y la historia que estoy por relatarles sucedió cuando yo cumplía 15, en un mes de octubre cuando se celebraba el día de muertos, mi pequeño pueblo estaba de fiesta, la feria había llegado a las calles...

LEYLA

Nacida durante la noche,
lleva una misteriosa mirada,
en sus ojos estrellas plasmadas,
en su cuerpo la poesía tatuada.

Simpática, solidaria y extrovertida,
posee una gran facilidad de expresión,
ella vive bajo la oscuridad,
la luna es su mejor compañía.

Fantasiosa, amistosa y bondadosa,
con un sinfín de historias por contar,
a los amigos nunca va a defraudar,
sacar sonrisas es su mejor cualidad.

Lleva sus emociones al límite,
llora y ríe con intensidad,
crea arte con sus manos,
ella es una loca bohemia.

Buscando siempre la felicidad,
imaginando su propio mundo,
encantadora con su espíritu,
seductora, con una voz matadora.

10 años han pasado desde aquella tarde,
donde vivió lo imposible rodeada de tanta gente.
Leyla conoció el amor a través de sus pupilas,
enamorada y atrapada quedó, a primera vista.

-Yo sonreía al ver caer el atardecer, pues sabía que era momento de ir a la feria, esto sucedía cada año, así que para mí era una gran oportunidad para divertirme, estar con las amistades, conocer a nuevas personas, me encantaban esas fechas.

-Tomé mi sudadera favorita, amarilla con estampillas, esperé a que pasaran por mí, le di un beso a mamá y salí corriendo con mis amigas, de prisa hacia el centro del pueblo, donde los videojuegos y las atracciones nos esperaban.

-Recuerdo que ese día acabé muy cansada, sin mucha voz por todos los gritos que había pegado al haber estado en las alturas, en la rueda de la fortuna, pasábamos por el callejón de comida, me compré un algodón de azúcar mientras miraba a la gente pasar.

-Entre risas y bailes a mi alrededor me quedé observando a un chico, a unos cuantos metros de mí, hipnotizada quedé cuando me devolvió la sonrisa que le había regalado, pero joder, la suya era hermosa, me enamoró desde ese primer instante.

-Fue como una explosión de sentimientos, dos universos se habían encontrado, dos misteriosas vidas estaban chocando y haciendo estallar el mundo con esa intensidad que llevaban en sus miradas, por dentro la sensación era extraña, desconocida.

HERMOSA

Ella sonríe
cuando le digo hermosa,
piensa que es por su belleza,
y sí,
está muy guapa,
pero yo me refiero
a todo lo bello
que lleva dentro.

Su verdadera belleza
está en su interior,
en sus miedos
y en sus hermosos sentimientos.

-Tenía lindos ojos rasgados, el pelo un poco rizado, no podía dejar de mirarlo, ya me había olvidado de mis amigas, pero de pronto ellas preguntaron qué me sucedía, yo solo respondí que nada y en ese parpadeo lo había perdido de vista.

-Y yo con deseos de que esa mirada nunca terminara, se había ido y no sabía a donde, solo desapareció, esa noche me hice la promesa de mi vida, volver a encontrarlo, me había grabado su rostro, y a decir verdad moría por conocerlo.

- Los días pasaron y un año después, cuando volvía la feria, logré verlo de nuevo, en un cruce por la calle, teníamos la oportunidad de volver a coincidir, los sentimientos se activaron y la sensación regresó aun cuando ni siquiera conocía su voz.

-Una amiga que me acompañaba me dijo que sabía de él, sabía su nombre pero que no vivía en el pueblo, era de fuera, de la ciudad, solo venía de vacaciones por estas fechas, ¡eso explicaba porqué lo veía solamente en estos días!

-Pese a eso no me quise rendir, antes de que las fiestas terminaran le pedí a mi amiga que me lo presentara, porque sabía que tenía algo más que una mirada encantadora, quería saber más de su vida o al menos tener una charla antes de que partiera lejos de aquí.

-Llegó la tarde en que debía conocerlo al fin, la mejor maldita tarde de mi vida, sentí por primera vez lo que es enamorarse, si ya me tenía loca, imagínense en ese momento, que ya podía hablar con él y aún mejor, saber que también le causaba emoción.

CON UN PINCEL Y UN POCO DE TINTA

Voy a escribirte frases
y recitarte de mis poemas,
hasta que te quites la ropa
suplicando que plasme
en tu piel
cada una de mis letras.

Con un pincel y un poco de tinta,
voy a crear arte con tu cuerpo y mi poesía.

-Mis manos temblaban mientras a él su voz se le cortaba, le había recordado que hace un año cruzamos miradas, me sonrío y me dijo: "recuerdo esa noche, sentí emoción y quería correr a saludarte", qué ironía al pensar que él sintió las mismas emociones.

-Al caer la noche y cuando comenzó a despedirse tuve una extraña sensación, de esas donde sabes que lo que llevas dentro nunca va a terminar, lo miraba a él y sus labios me incitaban a probarlos, de la nada lo abracé y comencé a besarlo.

-Fue un beso inolvidable, cerré los ojos y observaba el paraíso, en sus labios encontré el dulce sabor de amor infinito, me dio una última mirada antes de irse, y yo le supliqué que volviera lo más pronto posible, que no fuera en un año, porque desde ese instante ya lo extrañaba...

-Lloré durante toda la madrugada, pensando en qué podría pasar en los próximos meses, si él me olvidaba o si yo seguía con mi rutina y de un momento a otro dejaba de pensarlo, de extrañarlo, pero en lo profundo de mis ojos esa mirada permanecía.

-A la mañana siguiente no quería levantarme de la cama, de pronto me llegó un mensaje, era él, con un texto que me llenó de esperanzas, "me voy a quedar unos días más", con un gran salto salí de las cobijas, me vestí y me preparé para verlo de nuevo.

ME GUSTAS

Cuando sonríes,
cuando lloras,
cuando gritas,
incluso estando rota.

Me gustas,
en tus buenos días
y en los malos.

Me gustas,
con tus heridas,
con tus defectos
y con tus demonios.

Me gustas,
así
y en todas tus facetas.

-Y ahí estaba él, en el mismo sitio donde nos habíamos visto por primera vez, con un ramo de rosas, esperando por mí, con los brazos abiertos para recibirme con un abrazo, con esa misma intensidad con la que yo anhelaba tenerlo recostado en el pecho.

-Pasamos tardes maravillosas, y yo que estaba tan pequeña, no entendía que todo era pasajero, que cuando él partiera, estando lejos nos olvidaríamos, no conocía el verdadero amor todavía, una mirada decía más que mil palabras, pero no era suficiente.

-Cuando realmente tuvo que partir, yo estuve en una terrible depresión por un par de meses, pero con el tiempo fui aceptando que faltaba mucho por vivir, por conocer, por sentir y experimentar, no era necesario esperar tanto tiempo por alguien, si realmente no sabía si volvería con esa misma intensidad de amarme.

-Yo seguí con mi camino, con mi destino, y equivocada no estaba, pues cada año que él regresaba ya solo me platicaba de sus amores en la ciudad, mientras yo también le contaba mis historias, pero sin duda esa primera mirada quedó plasmada, llevábamos un recuerdo juntos, un pequeño instante donde conectamos nuestras almas, un sentimiento que hasta hoy no he vuelto a sentir.

"Jamás encontraré en otros ojos la misma hermosa mirada, sus besos y el universo entre sus pupilas me dejaron muy marcada".

Leyla me ha causado una gran tranquilidad y una hermosa calma, han vuelto a mi memoria más recuerdos de aquella primera mirada de mi pasado, tal y como lo describe ella, puedes ver muchos ojos, pero esa misma intensidad nunca vuelve.

Le agradezco por su hermosa historia y les relato un poco lo que he vuelto a recordar:

-Leyla, sin duda causas mucha emoción al narrar lo que sucedió ya hace tanto tiempo, no lo has olvidado y a pesar de que ya son 10 años, llevas en tu mente grabada esa primera mirada, así como ahora la llevo yo, nuevamente dentro de mí.

-Aquellas conversaciones, aquellas visitas por las noches a su casa, asustado, nervioso, solo por quererla ver, aquellas cartas, aquellas primeras canciones, aquel primer beso, el primer abrazo, el primer "te amo", las primeras lágrimas, la primera traición, la primera mentira y el primer adiós, todo comenzó con una primera mirada.

-Una mirada que guarda un instante de tiempo, que volvería a repetir una y otra vez, solo por volver a sentir la intensa explosión de sentimientos causada por un par de ojos cafés que me mataban.

Las chicas se me quedan observando y evito esas dulces miradas preguntando a cada una el momento preciso donde vivieron el amor a primera vista, creo que las he convencido que en realidad existe y mientras recordamos, nos preparamos para el último relato.

CAPÍTULO XI

NOVIEMBRE:
MES DEL AMOR PROHIBIDO

NOVIEMBRE

El onceavo mes del año, y mira que me llena de tristezas recordar a todas las personas que ya no están con nosotros, pero me alimento de esperanzas al saber que algún día volveré a verlas, en otra vida, en otros mundos o en el más allá.

Noviembre, vivamos de paz y armonía, de toda esa preciada calma que nos genera la música, porque una simple melodía puede marcarte por toda la eternidad, con una sencilla letra puedes trasladarte a momentos de tu pasado y sentir de nuevo la vida.

El mes para luchar contra la violencia, ojalá algún día demos por acabado toda la agresión, femicidios y maltrato hacia la mujer, de nada sirve que el mundo celebre, si a cada minuto perdemos a una, mira a los más pequeños y enseña a respetar, que la calma abunde en ellos, para que en un futuro sean el bien de esta jodida sociedad.

Y qué corto ha sido el camino, pero qué grandes enseñanzas nos han dejado con el paso de cada historia, tiempo es la clave para sanar las heridas, el amor puede llegar y manifestarse de muchas formas, inclusive cuando no es correspondido.

Tu alma se ha marchado,
tu cuerpo ha sido enterrado,
pero tu memoria por siempre
estará aquí, a mi lado.

Duele tanto cuando es prohibido,
pero aquí sigo, dando la vida
por quien nunca estará.

Amor Prohibido

Llegando al final de los relatos, vengo recuperando la memoria en casi toda su totalidad, pero aún falta una última chica que estoy seguro va a deslumbrar con su historia, me hacía falta recordar un amor de esos considerados "imposibles".

Un amor que por más que se le entrega la vida entera, nunca se puede estar en completa calma, le he preguntado a la última chica si ha tenido alguna vez un amor prohibido, ella responde que sí, la ardiente mujer de pelo negro, de ojos brillosos, de labios sabor a pasión.

-Usted, la última en la mesa, ¿podría comenzar con su historia?, un intenso amor prohibido es lo que me encantaría escuchar...
Ella responde con entusiasmo:

-Me encantaría finalizar con mi relato, prometo no defraudarle, mi nombre es Gianna, tengo 30 años, pero lo que voy a contarles comenzó hace ya mucho tiempo atrás, cuando cumplía 14, sí, todo fue a temprana edad, en los inicios de mi adolescencia, cuando conocí al amor de mi vida que más tarde se convertiría en mi eterno amor prohibido.

-En ese entonces vivía lindos momentos en la secundaria, tenía una bella amistad con un compañero que me hacía sentir tranquila, él me presentó con uno de sus amigos, un chico que me gustó desde la primera vez que estrechó mi mano y me dijo "hola".

GIANNA

La mujer del universo infinito,
soñadora de grandes aventuras,
poseedora de un amor prohibido,
llevando caricias abandonadas.

Independiente y determinada,
con el destino indescifrable,
lleva el alma repleta de bondad
y la mente con apasionada maldad.

Planea con tiempo sus acciones,
pues vive de intensas pasiones
y sin importarle las consecuencias,
se arriesga para encontrar respuestas.

Carismática, creativa y atrevida,
abrazando a sus ideas,
probando cosas nuevas,
resaltando siempre ante todo.

Ella lleva el encanto en su cuerpo,
el brillo del día en sus ojos,
las estrellas en sus lunares,
formando inmensas constelaciones.

Gianna lleva al amor de su vida entre sus pupilas,
el recuerdo de sus besos entre sus mejillas.
Un amor prohibido que nunca fue correspondido,
un intenso caos de sentimientos invadió su mundo.

-Una noche soñé que lo besaba, y pensé en contárselo, bien dicen que los sueños se hacen realidad, así que, nos vimos en una banca del colegio, le conté todo el sueño y en un simple instante sucedió, nos besamos, desde ese momento comenzó nuestra historia.

-La fecha de mi cumpleaños se acercaba, y yo lo había invitado a mi fiesta, no entiendo qué fue lo que sucedió, pero él nunca llegó, desde ese día se alejó de mí sin dar una explicación, quizá desde ese momento hubiera entendido que lo nuestro nunca funcionaría.

-Pasó el tiempo, y me llegó la noticia de que él había partido lejos, se había mudado a otra ciudad, ya tenía a alguien más en su vida, pero en la distancia volvimos a tener comunicación, lo quería, tanto que no me importaba salir con él sabiendo que era prohibido.

-Llegaba de vez en cuando a visitarme, me encantaba estar con él, me invitaba a sus partidos de fútbol, me acompañaba a casa, las tardes estaban llenas de adrenalina y miedo a que nos descubrieran, pero con el tiempo fui entendiendo que lo que hacíamos estaba mal y tomé la decisión de alejarme, de buscar mi propio camino.

-Cada quien vivió su vida, pasé el resto de los años de secundaria con otro chico, una relación que duró 3 años y después terminó, cuando cambiamos de etapa y entramos al bachiller, irónicamente mi amor prohibido regresó, el destino nos colocó en el mismo salón de clases, toda la intensidad y los sentimientos se activaron.

GRACIAS

Cuando más me sentía perdido,
cuando menos lo esperaba
y cuando ya no buscaba a nadie...

Tú apareciste.

Y ahora no sé cómo agradecerte
por todo el amor
que me has ofrecido,
amor infinito,
incondicional,
que siempre cuida,
que siempre abriga,
que siempre alienta a seguir adelante.

Gracias por llegar a mi vida.

-Volvimos a salir, hacíamos tantas locuras, incluso recuerdo que tuvimos sexo en los baños de la escuela, nos veíamos siempre, durante todo el horario de la escuela y por las tardes, todo parecía perfecto, hasta que un día viajamos a otra ciudad, cada quien por separado. Y qué grandes son las señales del destino, pues lo topé con otra chica y desde ese momento me di cuenta que no tenía caso seguir con él, con un mensaje volvimos a terminar.

-Pensando en que nunca más volvería, pero no fue así, regresando del viaje me buscó, lloró frente a mí, se disculpó, me pidió otra oportunidad, estúpidamente acepté su perdón, regresamos a lo mismo, hasta que la graduación y el cambio de planes llegó.

-Una vez más nuestros caminos se separaron, cada quien tenía sueños por cumplir, con nuevos destinos en distintas ciudades, pasó el tiempo, en las vacaciones llegó el reencuentro, volviendo a salir y sintiendo esa misma intensidad, esa chispa de siempre.

-Decidimos intentarlo esta vez a distancia, nuestra relación ahora se basaba en llamadas, mensajes y videollamadas, los kilómetros nos separaban, pero yo me sentía amada, correspondida, él me visitaba cada mes, y no saben cuánto me emocionaba al ver su mirada, al sentir sus abrazos y probar de sus besos.

TE QUIERO

Y te juro que no es un cariño pasajero,
yo te quiero de verdad,
para que estés siempre a mi lado.

En mis mañanas, tardes y noches,
en los días lluviosos, nublados y soleados,
en mis triunfos y derrotas,
en mis buenos tiempos y en mis huracanes.

Te quiero para pasear por las calles
tomados de la mano,
para tomar el café
y escribir poesía sobre tu piel.

Te quiero para que seamos libres
y a la vez inseparables,
para crecer, para soñar, para lograr
y para cumplir todas nuestras metas.

Te quiero,
y quiero que juntos…

Vivamos lo eterno.

-Parecía nuevamente todo perfecto, y entre esas visitas llegó la que no esperaba, un día en que solo vino para terminarme, buscando de pretexto aquel pasado que tenía con su hermanastra, cuando yo experimentaba todo, también llegué a salir con mujeres.

-Y no tienen idea de lo mal que me sentí por haber cometido esos errores años atrás, cuando no sabía qué era lo que quería, cuando vivía indecisa, pero sin duda en ese momento ya tenía claro lo que sentía, le pedí perdón, una nueva oportunidad de mi parte…

-Aceptó, y desde ese momento decidimos hacer mejor las cosas, él llegó a la ciudad donde yo vivía, teníamos planes de vivir juntos, y a pesar de las contradicciones y reglas de sus padres, terminamos en el mismo techo.

-Volví a ser feliz estando a su lado, estando juntos en la ducha, en las comidas, durmiendo abrazada a él, sabiendo que al despertar estaría con la persona que más amaba en el mundo y eso me llenaba de esperanzas de pensar en algo eterno.

-Seguía sin entender, y no pasó mucho tiempo para que las peleas comenzaran de nuevo, me contaban que él salía con otras chicas y eso me mataba, pero nunca pensaba en dejarlo, hasta que una tarde lo vi con mis propios ojos, decidí sacar todas sus cosas de la casa y a pesar de que volví a perdonarlo, ya no quería vivir con él.

SIGUES AQUÍ

Todavía sigues muy dentro de mí,
en el fondo del baúl de mis recuerdos,
aquí te sigo sintiendo,
como una espina que no he logrado sacar,
como una piedra que no puedo patear
y me pregunto:

¿Cómo voy a olvidarte?

Si por las noches sueño con besarte
y en cada día vuelvo a recordarte.

Sí,
aún sigues aquí…

Muy dentro de mí.

-Terminamos la relación, pero nos seguíamos viendo, intentando arreglar las cosas, fracasando como siempre, pensando que él nunca me dejaría sola, que aun estando separados estaría conmigo ante cualquier situación, la vida me daría la respuesta a eso.

-Una noche de intensos mareos me enteré que sería madre, se lo hice saber de inmediato, pero cuando le di la noticia él desapareció, no respondía a mis llamadas, no había ningún mensaje suyo, y tomé la peor decisión de no tener un hijo.

-Eso jamás me lo voy a perdonar, porque preferí estar bien con él pensando en que así se solucionaría todo y volvería a ser como antes, pero esa decisión me causó mucho dolor, dándome a entender que él no era para mí y que nunca lo sería.

-Me di cuenta que levantarme temprano para hacerle el desayuno, lavar su ropa, darle dinero cuando no tenía, motivarlo para que saliera adelante, escucharlo cuando estaba mal con su familia, porque su madrastra no lo quería... no había valido para nada.

-Lo nuestro era más que prohibido, no teníamos un futuro, y no les miento, todavía lo amo, porque viví con él cosas que nunca olvidaré, pero al día de hoy les puedo decir que el amor que le di, ya lo estoy recuperando para mí, para que mi felicidad sea posible, porque en todo ese tiempo fue solo una fantasía.

"Espero que el destino te mande
un amor correspondido,
que pueda hacerte feliz,
sonreír y te quiera más que yo,
porque lo nuestro es prohibido,
estar juntos no es nuestro destino".

Gianna ha terminado con el último relato, dejándome sin palabras, pues en este preciso momento siento como todos mis recuerdos regresan, me he quedado en silencio, esta vez no he dado alguna opinión, estoy en completo estado de shock.

Sin duda el relato de Gianna es muy intenso en varios sentidos, sobre todo porque conoció al amor de su vida siendo su mismo amor prohibido, y en esas historias no hay mucho que decir, solo aceptar el destino.

Entender que por más que luchen por su amor, jamás podrán estar juntos, porque tienen caminos distintos, porque conocerán a otras personas que se convertirán en su eterno, porque la distancia, el pasado, el presente y el futuro no están a su favor, pero sin duda el amor que llevarán los dos, jamás lo olvidarán.

Con una sonrisa le doy gracias a Gianna por terminar los relatos de una forma tan hermosa y dolorosa a la vez, y con una voz casi desaparecida, hablo con las chicas:

-Estoy tan agradecido con todas y cada una de ustedes, sus relatos me han sido de gran ayuda, no saben lo bien que me siento por haber recuperado la memoria, ahora quisiera platicarles un poco de mí, no todo lo que he vuelto a recordar es para llenarme de felicidad, también llegó una historia, un rostro y una persona a mi mente, de la que hubiera deseado nunca recordar.

CAPÍTULO XII

DICIEMBRE:
MES DEL AMOR INCONDICIONAL

DICIEMBRE

El doceavo y último mes del año, pareciera que todo ha llegado a su final, que las metas se han cumplido y el ciclo ha terminado, pero no es así, esto es solo el final del principio de algo grande, de enormes sueños por cumplir, aún queda mucho por vivir.

Diciembre, el inicio del invierno, un libro, un café y una manta que cubra las tristezas, que abrigue a las ideas, un abrazo que repare los corazones rotos, que proteja a los débiles y que sane a los enfermos, una nueva vida para aquellos que están por perderla.

El amor que floreció en primavera ha superado el cálido verano y el despojo de sus hojas en otoño, ha llegado hasta el duro invierno, superando las barreras y cada uno de los obstáculos, ya no existe algún frío intenso capaz de marchitarlo, se quedó, para permanecer siempre, para ser un eterno amor incondicional.

Diciembre, que no existan fronteras, barreras, que no exista algún impedimento para seguir cumpliendo nuestros objetivos, luchemos por un mundo mejor, por más libertad y menos esclavitud, por más igualdad, más salud, por más familia y menos distancia, por una feliz navidad, un próspero año nuevo y una nueva aventura.

Qué valiente te ves
temblando de miedo,
pero arriesgándote a vivirlo.

No iba a funcionar,
tú querías ser libre,
yo quería entregarme.

AMOR INCONDICIONAL

Las 11 chicas se me quedan viendo fijamente a los ojos, siento sus miradas, mientras yo comienzo con relatarles cómo fue que había perdido la memoria:

-Recuerdo aquel día, viernes, era igual a todos desde hace ya un par de años, me levanté para ir al trabajo, tomé un café muy cargado después de haber sufrido mi típico insomnio de cada madrugada, me senté frente a la computadora, me coloqué mis audífonos y reproduje mis canciones favoritas.

-Aquellas que me sacaban sonrisas por fuera, pero por dentro me destrozaban y me hacían pedazos el corazón con cada palabra que se cantaba, salí al receso para merendar y a fumar un cigarrillo mientras escribía un poco de poesía.

-Era un día normal, no me importaba mucho lo que fuera a pasar, por la tarde me di una ducha, planché mi camisa favorita y esperé al anochecer, como cada fin de semana salía con mis amigos para divertirnos, drogarnos y beber hasta perder el conocimiento.

-Llegamos a un lugar de costumbre, pedimos nuestra clásica mesa junto a la barra y comencé a beber sin control, intentando pasar una sola madrugada o un solo minuto de esa larga noche sin pensar en ella.

EL POETA

No, yo no soy el poeta, es él,
quien tiene poesía mientras lo abrazas entre la lluvia.
Quizá él puede abrazarte,
pero yo sin tenerte puedo sentirte.

No, yo no tengo magia en las manos, es él,
quien tiene la vida cuando le acaricias las mejillas.
Quizá tú no puedas acariciarme,
pero sin abrigarme aún llegas a estrujarme.

No, yo no escribo miles de versos, es él,
quien provoca tu radiante sonrisa que me inspira.
Quizá él pueda hacerte sonreír,
pero yo sin verte, aún puedo recitarte.

No, yo no describo nuestros sueños, es él,
quien los está viviendo a tu lado.
Quizá él pueda cuidarte,
pero yo sin vivirte puedo protegerte.

No, yo no vivo escribiendo en tu piel, es él,
quien puede desnudarte ante cualquier inconveniente.
Quizá tú no me quieras junto a ti,
pero sin desearme, aún logras cada día enamorarme.

No, yo no soy el estúpido poeta... es él,
quien no necesita más, al ya poder disfrutarte.
Quizá él pueda retenerte,
pero yo en mis sueños, aún puedo imaginarte.

-Las horas pasaron, cantábamos a todo pulmón las canciones que estaban en karaoke, dieron las 3 de la mañana y por alguna razón se reprodujo una melodía, no una cualquiera, era una que ella y yo habíamos cantado una noche antes de su despedida...

-Entonces todo volvió, el alcohol no pudo borrarla de mi mente ni un solo instante, los recuerdos llegaron tan rápidos como un rayo, mis lágrimas cayeron, mis manos temblaban, mi cuerpo sudaba, esa extraña sensación de querer escapar cada vez aumentaba.

-No pude contenerme, salí corriendo del lugar, mis amigos gritaron, pero no quise volver, subí a mi auto, aceleré lo más que pude, quería llegar a casa lo antes posible, quería tomar las pastillas para el sueño y caer rendido sin tener que esforzarme por intentar hallar una respuesta.

-Nada de eso pasó, a un par de kilómetros los frenos fallaron, mi auto se impactó contra un muro, dejándome inconsciente y borrando mi memoria, pero con cada uno de sus relatos logré recordar toda mi vida, desgraciadamente el recuerdo que más me atormentaba en mi pasado, también regresó.

-Me encanta escuchar historias porque amo escribirlas, porque me encanta darle un final de fantasía a cada una, un final que no fue posible en la realidad, no he logrado darle un final feliz a mi historia, a mi eterno amor incondicional...

-Así era ella, una mezcla de todos los amores que cada una de ustedes me ofreció para escuchar:

CUÍDALA POR SIEMPRE

Mis mejores deseos para quien esté a tu lado,
deseo que te quiera tanto,
pero no más de lo que algún día yo lo hice…

Que te escriba los más bellos poemas
como los que solía recitarte,
que te dedique las canciones más hermosas
que puedan enamorarte.

Espero él pueda soñarte despierto,
mirarte a los ojos y brindarte todo su tiempo.

Espero le alcance la vida para que juntos
realicen sus metas y cumplan todos sus sueños.

Pero también espero que hagas por él,
todo lo que nunca quisiste hacer por mí…

Y de mi parte quiero decirle:

¡Cuídala por siempre!

-Mi primer amor, de todas mis relaciones que había tenido antes, puedo jurar que nunca me había enamorado con tanta intensidad como pasó con ella, fue mi primer amor, esa primera sensación de cosquilleo, de emociones, la primera explosión de sentimientos.

-Mi eterno amor, estoy seguro que así pasen años, incluso vidas, jamás podré olvidarla, estaré por siempre enamorado de ella, la buscaría en otros mundos, en otras almas, en otros cuerpos, siempre sería ella, incluso después de la muerte.

-Mi amor de aventuras, debo confesarles que al principio no quería nada serio, tan solo pensaba pasar grandes aventuras a su lado, fui un pobre aventurero, tiempo después me volví preso de unos labios que ni siquiera había probado, pero ya me habían enamorado.

-Mi amor de recuerdos, no hay fecha que no olvido de ella, el día en que la conocí, el día en que rindió a todos mis demonios con su mágica sonrisa, los días donde provocó mis más intensos latidos, desde el primer segundo, hasta el último, cuando se marchó.

-Mi amor de lecciones, ella dejó marcado en mí muchas cicatrices que aún sangran de vez en cuando, pero le agradezco cada palabra y cada enseñanza que dolieron bastante, creando a una persona perfecta, con grandes experiencias para seguir enfrentando la vida.

MIS LETRAS

Mis letras son únicas,
simples a primera vista,
increíbles cuando surgen de un pianista.

Ellas nacen con un solo objetivo,
no son para dedicarlas a un abusivo.
No quieras conquistarlo con mis letras,
ellas no juegan en mi contra.

Porque me encantan desde el principio,
desde la primera, hasta la última que las adorna.
Han surgido del abecedario,
desde la oscura mente,
desde lo más profundo de mi corazón,
donde albergan tus recuerdos.

Mis queridas se destinan por tu partida,
no lo hacen por ninguna bienvenida.
Ellas se escriben solas y me enamoran el alma,
curan mis heridas con cada línea derramada.

No quieras conquistarlo con mis letras,
ellas no juegan en mi contra.
Porque algún día, todas se juntarán
y al fusionarse en uno, mi primer libro te escribirán,
que al final hasta la puerta de tu casa y frente a él,
con la mejor sonrisa...

Mis letras te lo van a dedicar.

-Mi amor de regresos, así me hiciera sufrir con su partida, sabía que tarde o temprano regresaría, tenía en mente la certeza de que nunca encontraría a una persona que la quisiera y la apreciara con tanta intensidad con la que alguna vez yo lo hice.

-Mi amor de momentos, pese a no verla mucho tiempo, ella dejó grabados momentos que nunca voy a volver a vivir, que nunca volveré a encontrar, bellos y preciados instantes donde daría la vida por volverlos a repetir, tan solo una vez más.

-Mi amor de verano, qué bonita se veía en verano, en esos días soleados donde comencé a enamorarme de ella, donde el rojo de sus mejillas me causaba intensas emociones, cuando intenté soñar sobre la curva de sus labios y terminé muerto en pesadillas de amor.

-Mi amor de locuras, las intensas locuras que hacía por llegar hasta su casa tan solo para abrazarla, para sentir la calidez que llevaba en sus manos, para verla un rato más, para pedirle que se quedara y que no se fuera nunca de mi lado.

-Mi amor a primera vista, la conocí sin darle importancia a sus besos, su mirada fue la que causó todo el caos en mí, el hermoso universo que lleva entre sus pupilas, perdido en esa mirada, en esos ojitos rasgados que me encantaban.

-Mi amor prohibido, porque así regresara en cada ciclo, o en cada siglo, lo nuestro nunca funcionaría, ella es una obra de arte, tenía que admirarla a cada instante, dedicarle mi vida entera, llenarla de caricias…

TAL VEZ EN OTRA VIDA

Y estoy seguro que volveremos a coincidir,
pero ya no será en esta vida.

Nuestros universos ya no coinciden,
nuestras miradas ya no se corresponden.

En esta vida ya no será posible,
ya tenemos caminos distintos,
destinos escritos.

Jamás logramos terminar
de escribir nuestra historia,
y mi alma se quedó vagando
en el oscuro abismo de tu olvido.

Pero te prometo que volveré a buscarte,
en otras vidas,
en otros mundos,
quizá con otros cuerpos
y con otros rostros.

Y tal vez en alguna de tantas vidas,
sea para estar juntos…

Tal vez en otra vida,
sí sea para siempre.

-Yo, un estúpido poeta, que escribía poesía, pero no la leía, yo soy un aventurero, que no soporta estar en el mismo lugar de siempre, necesitaba cumplir todos mis sueños, pero ella no estaba dispuesta a volar conmigo, siendo libres, ella se sentía presa.

-He formado un amor incondicional, la mezcla de todos los tipos de amores que se pueden vivir, porque siempre será ella la única dueña de mi existir, porque así borraran mi memoria una y otra vez, mi corazón buscaría la manera de volver a recuperar todo lo que ella dejó en mí...

Esta es mi historia, este es mi destino, permanecer en este mundo con la esperanza de vivir por última vez un reencuentro, donde los dos entendamos lo mucho que nos necesitamos, cuando estemos más maduros, con ganas de vivir lo eterno.

Cuando ella esté cansada de buscar amor en otras almas que nunca la amarán de verdad, cuando ninguna mirada la vea como su eterno amor incondicional.

Cuando yo esté dispuesto a dejar de soñar y me atreva a buscar la felicidad, entonces será ahí donde sí será posible, estaremos ya juntos, sin importar el mundo, yo la seguiré esperando, aquí o en otra vida.

Fin.

MICROCUENTOS DE DESPEDIDA

1.

-Logré conocer
todos tus gestos
perfectamente,
solo me hizo falta uno...
-¿Cuál?
-El que decía la verdad.

2.

-¿Crees en el amor?
-Creo en tu mirada.
-Y, ¿en el destino?
-Creo en ti.

3.

-¿Por qué dices que soy perfecta?
Que nunca encontrarás
a nadie igual...
¿Qué tengo yo, que ellas no?
-Ninguna de ellas eres tú.

Epílogo

"Los recuerdos son los últimos en morir"

Yo tenía la certeza de que cada cosa que pasaba era porque estaba escrito en algún lugar o el destino así lo tenía planeado.

Yo era de los que amaba las cosas tristes, ya sean personas, momentos o atardeceres; yo admiraba lo que a los demás no les llamaba la atención, lo que muchos decían feo, yo lo veía atractivo; y así fue como la encontré, así como si nada, haciéndome temblar el alma, tanto que aún me tiembla cuando la recuerdo, calándome lentamente en el pecho hasta lograr llegar de donde muchas veces no se sale, el corazón.

Quizá haya perdido con el tiempo ciertos recuerdos de mi vida, pero juro que los de ella siempre se me vienen a la mente de la manera más inesperada, con cada olor, con cada sensación que tengo.

Está presente en las tardes lluviosas y soleadas, en el rostro de cada persona que pasa, la encuentro en el viento cuando trae consigo el perfume de las rosas, es así, yo la llevo presente en cada mes que pasa, en cada hora e instante.

Puedo contarles de ella y decirles que era genial como enero y febrero, los dos primeros meses en los que parece que una nueva etapa comienza, ella siempre tenía o buscaba la manera de hacer que todo comenzara de cero cuando no salía bien en un principio.

La alegría que emanaba y la sonrisa loca que tanto me enamoraba aún tienen poder sobre mí.

Era tan fresca como marzo y abril, parecía florecer al mismo tiempo que las flores y la veías brillando en los meses de junio y julio, tenía en su aura una calidez que brindaba calor cuando agosto y septiembre llegaban con su frío, así hasta llegar a diciembre.

Y bueno, al principio hacía mención a la frase: "yo tenía la certeza de que cada cosa que pasaba era porque estaba escrito en algún lugar o el destino así lo había planeado", les explico la razón:

Porque ella llegó para estar, pero no para quedarse. Llegó para amarme, pero no para siempre. Entró a mi vida y me enseñó a recordar, pero jamás a cómo tenía que olvidarla cuando ya no estuviera. Ahora me encuentro aquí, esperando a no morir aún, porque siento que, aunque lo haga y si es que existe otra vida, aun allá la seguiré amando y recordando.

Nota: Por amor se dice que se puede hacer lo que sea, muchos dicen que hasta lo imposible. Quizá llegamos a amar tanto a alguien que cuando la perdemos, de alguna u otra manera, queremos regresar el tiempo y disfrutar o valorarlas.

Como escritor de este epílogo, no puedo despedir mi escrito sin dejarles un abreboca de lo que será la continuación de esta increíble historia, y es que nuestro personaje principal hará todo lo que esté en sus manos para encontrar de nuevo a su amor, viajar al pasado y lanzarse a la aventura, aunque pueda tornarse peligroso.

Solo les dejo una pregunta…

¿Qué harías tú por amor?

Héctor Carranza Alcívar
@_elescritor
Chone, Manabí, Ecuador
26 de septiembre del 2019
00:30 am

AGRADECIMIENTOS

A mis padres por regalarme la vida, por enseñarme a respetar a las personas, por demostrarme la humildad, a mis hermanos, a mis abuelos, tíos y primos, porque siempre confiaron en mí, siempre apoyándome en todo momento.

A mi mejor amigo, que partió de este mundo hace un par de meses, porque me alegró el alma durante los 5 años y 6 meses que estuvo con nosotros, porque cada día lo echo de menos, esperando volver a verlo en otra vida o en otros mundos.

A todos mis amigos por confiar en mi amistad, prometo nunca fallarles, estar siempre cuando más me necesiten, en especial a las chicas que me confiaron sus historias para que esta obra fuera posible.

A Walfrido y Héctor, por ayudarme con el prólogo/epílogo, sin duda sus textos fueron el complemento perfecto para darle el toque mágico y el mensaje que siempre desee transmitir, infinitamente agradecido con ustedes, mis colegas y hermanos.

Y a ella, que desde aquel 25 de diciembre cuando sus palabras fueron claras al decirme: "arriésgate a vivirlo", me enseñó a vivir sin límites, sin fronteras, sin obstáculos o barreras, y mira que aquí sigo, sin ella, pero arriesgándome cada día, como si fuera el último.

BIOGRAFÍA DEL AUTOR:

Jairo Rogelio Carrera Guerrero
(Huautla de Jiménez, Oaxaca, México. Agosto de 1996)
Ingeniero en Mecatrónica, autor de los libros: "12 Maneras de Amar(te)" (Alcorce Ediciones 2020), "Ella, con encantos de Sirena" (Shikoba Ediciones 2021), "SANANDO HERIDAS: Mientras Rompo en Llanto" y "SANANDO HERIDAS: Mientras Despido tus Recuerdos".
Coautor de: "Tierra de Latidos: Antología de nueva poesía Latinoamericana" (Alcorce Ediciones 2021).
Sus textos siguen recorriendo el mundo generando un gran impacto a través de redes sociales mientras sigue trabajando en sus próximos proyectos.
Es autor independiente, sin embargo, sus libros también han sido publicados por editoriales de gran prestigio abarcando las bibliotecas más importantes del mundo.

OTROS TÍTULOS DEL AUTOR QUE TE GUSTARÁN:

ELLA, CON ENCANTOS DE SIRENA

"Ella, con encantos de Sirena" es un portal hacia la superación, recordando lo pasado, el presente y lo que está por venir, vas a adentrarte en la vida de Sirena, la Incondicional está al descubierto.

Tan misteriosa, como aquel regalo que con tantas ansias quieres abrir para ver su contenido, conocerás sus debilidades y cada una de sus perfectas imperfecciones.

Tan soñadora, como esos deseos que parecen imposibles, cuando el amor volvió a tocar su puerta, los días en los que se sintió amada y cuando aquellas mariposas en el estómago revivieron.

Tan encantadora, saliendo de las ruinas y amándose como ninguna, superando todas las decepciones que llegaron después del fracaso.

Tan inolvidable, como esos libros que no te cansas de leer, que cuando te sientes triste y sin ánimos, lo vuelves a tomar para revivir el amor propio que debes llevar siempre.

Vas a sumergirte entre sus lágrimas, luchando contra el dolor, el difícil proceso del olvido, hasta llegar a sentirte entre sus brazos, sintiendo su alma y sin darte cuenta, estar en el mar de los cielos, nadando a su lado... Entre sirenas.

Continuemos el sueño, porque los viajes por el espacio y el tiempo, apenas comienzan.

¿Te atreves a vivirlo?

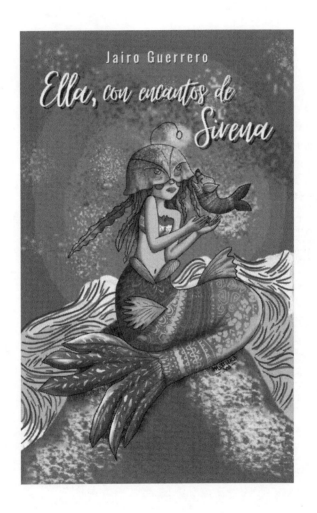

SANANDO HERIDAS:
MIENTRAS ROMPO EN LLANTO

Todo el mundo dice que es fácil olvidar, que es tan sencillo soltar, pero se equivocan, porque cuando se quiere de verdad decir adiós cuesta bastante.

Siempre que se intenta se vuelve a lo mismo, "recordar lo felices que alguna vez fuimos".

Sientes que la vida se acaba, que te has quedado siendo solo un esqueleto que deambula por las calles lleno de heridas.

"Sanando Heridas Mientras Rompo en Llanto" es un libro para todo aquel que se encuentra en el proceso, después de recibir una despedida o experimentar las decepciones.

Vas a adentrarte en el mundo de la resiliencia, encontrarte contigo mismo, con un toque nostálgico que de a poco te irá sanando, pero también te estará rompiendo en llanto.

Un libro sin géneros, libre de desnudar cada página para hacerte sentir cada vez menos roto, con cada verso ir buscando el respiro y encontrar las puertas de aquel laberinto del que no puedes salir.

¿Te arriesgas a vivirlo?

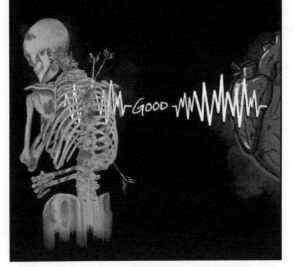

Jairo Guerrero

SANANDO HERIDAS

Mientras Rompo en Llanto

SANANDO HERIDAS:
MIENTRAS DESPIDO TUS RECUERDOS

La vida está llena de heridas, de esas que te hacen romper en llanto para después forjarte en una nueva persona. Quizá el proceso no es sencillo, pero cada día es un nuevo comienzo para despedirse de las penas y dejar atrás esa esperanza. Porque, a decir verdad, uno espera algo que ya no volverá.

"Sanando Heridas: Mientras Despido tus Recuerdos" es el siguiente paso, después de pasar noches en vela y derramar mil lágrimas, también es necesario soltar y decir adiós para empezar de nuevo. Despedirse de los recuerdos es complicado, pero necesario para poder seguir con tu vida.

¿Te arriesgas a vivirlo?

Jairo Guerrero

SANANDO HERIDAS

Mientras Despido tus Recuerdos

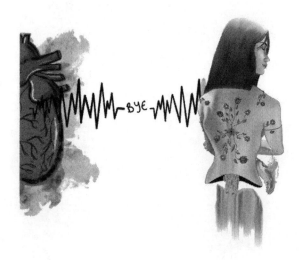

ÍNDICE

Made in the USA
Columbia, SC
22 February 2024

31864931R00129